1 アドラー心理学を語る

性格は変えられる

野田俊作

Adler

創元社

アドラー心理学を語る 1

性格は変えられる

目次

装幀　上野かおる

はじめに

私は、一九八二年にシカゴに留学して、バーナード・シャルマン[*]先生やハロルド・モザク[**]先生など、当時の第一級のアドラー心理学研究者から教えを受けました。その後も、折あるたびに外国でのアドラー心理学の集会に出かけて、自分の解釈と海外の学者の解釈とをすり合わせて、できるだけ正確なアドラー心理学解釈を日本に伝えるようにしてきました。そうして講座をしたり、治療者の養成をしたり、論文やマニュアルを書いたりしてきました。しかし、一般向けの本はあまり書きませんでした。どうしてかというと、アドラー心理学は「お稽古ごと」であって、直接師匠について学ぶしか、学びとる方法がないと考えているからです。つまり、本では学べないということです。

そうは言うものの、若いころにいくつか一般向けの本を書きました。本書はそのうちのひとつです。本書の最初の原稿を書いたのは一九八七年[***]ですから、私がまだ三〇代のころです。幸いロングセラーになって、細々とではありますが、ずいぶん長い間読まれていました。しかし出版社の都合で絶版になってしまいました。それでも需要はあって、古書店でずいぶん高い値がついていたようです。

＊シャルマン（Bernard H. Shulman　1922–）
シカゴのアルフレッド・アドラー研究所の創設メンバーの一人。ドライカースに師事してアドラー心理学を学び、アドラー心理学による統合失調症の治療技法を開発した。著書に『精神分裂病者への接近』（岩崎学術出版社）、『ライフ・スタイル診断』（一光社）などがある。

＊＊モザク（Harold H. Mosak　1921–）
シカゴのアルフレッド・アドラー研究所の創設メンバーの一人。ドライカースに師事し、同僚のシャルマンとともにアドラー心理学の研究・治療・指導を行なう。著書に『現代に生きるアドラー心理学』『ライフ・スタイル診断』（いずれも一光社）などがある。

幸い今回、創元社から再版してくださることになりました。古い本ですから、時代遅れになった部分もあるかもしれないのですが、基本的に本文の骨子には手を入れず、必要があれば脚注で補足する方針にしました。今読み返してみても、正統のアドラー心理学からかけ離れたことは書いていないと思います。創元社編集部と相談の上、より読みやすくなるように表記や用語を大幅に改めた上で、原本を二冊に分けて出版することにいたしました。この「アドラー心理学を語る」シリーズの第1巻『性格は変えられる』では、アドラー心理学の古典理論をめぐる話をしています。といっても、正面切った教科書ふうの書き方をしないで、どなたでも気楽に読めるように対話体で書きました。本書を通じて、一人でも多くの方が正しいアドラー心理学に触れていただけることが、私の心からの願いです。

野田俊作

＊＊＊本書の初出は一九八七年の『オルタナティブ・ウェイ』とそれを改題した一九九一年の『アドラー心理学トーキングセミナー』（いずれもアニマ2001発行）。

第1章

性格は変えられる

Adler

Q 1. 自分を変えることは可能ですか

――野田さんはどんな仕事をしているんですか。

どんな仕事をしているんでしょうね（笑）。このごろ自分でもよくわからなくなってきました。一応は精神科医ということになっていますけれど、実際には、さて何をやっていることやら。あまりお医者さんらしい仕事はしていません。つまり、病気の人を診察するとか、薬を処方するとか、そういったことには、もうずいぶんご無沙汰です。白衣も長いこと着たことがないしね。

――でも、臨床の仕事はなさっているのでしょう。

問題児、つまり、不登校児とか非行少年とかの心理療法、それに、その親たちの心理療法はしています。これが第一の仕事。

それに、その人たちのための再教育プログラムをつくっています。これが第二の仕事。子どもたちのための社会性訓練のプログラムとか、親たちのための家庭育児の訓練プログラムとか。カリキュラムがあって、リーダーがいて、話し合いをしたり、ロールプレイといって、ちょっとしたお芝居みたいなことをして体験的に学んだりするんです。面白いですよ。最初から宣伝して申しわけないけれど……。

第三の仕事としては、カウンセラーの養成をしています。初級の講座は、今までに二千人ぐらい卒業したかな……。とにかく、医者というよりは教師みたいな仕事をしていますよ。

――野田さんはアドラー心理学を学ばれたそうですが。

一応そうみたい。でも、アドラー派だって言われるのは好きではないんです。アドラー*の考え方は大好きなんですけれど、自分は自分だから。アドラーのセールスマンではないから……。もっとも、看板には「アドラー心理学」って書いておきますけれどね。そうしないと、みんなが安心してくれないんだ（笑）。「あいつはアドラーだ」と思うと、好意を持つにせよ反感を持つにせよ、精神的に安定するんでしょうね。でも本当は、アドラー派なんかではないんです。何派でもないんです。私は私……。アドラーは、私の導師（グル）ではなくて、たくさんいるお友達のうちの一人なんです。だから、このお話の中でも、ときどきアドラーの言葉を引用したりアドラー心理学の考え方を持ってきたりするけれど、それは私がアドラー派だからではなくて、個人的にアドラーの考え方が好きだからだと理解していただきたいんです。

――なるほど。アドラーにこだわっているわけではない、ということですね。ところで、合宿のグループ療法（セラピー）をしているんでしょう。

＊アドラー（Alfred Adler 1870–1937）
オーストリア生まれのユダヤ人精神科医。一時はフロイトと一緒に研究していたが、のちに訣別して個人心理学とも呼ばれるアドラー心理学を開発した。著書に「アドラーセレクション」として『人生の意味の心理学』『個人心理学講義――生きることの科学』『人はなぜ神経症になるのか』（いずれもアルテ刊）などがある。

そうそう、忘れるところだった。それは第四の仕事。「ASMI（アスミ）」*って言うんですけれど、二泊三日くらいの合宿ワークショップで、ときどき気が向くと、発作的にやりますね。面白いですから、ぜひ機会があったら来てくださいね。

◆性格は本当は変わりやすい

――野田さんは、さまざまなグループ・セッションを開発したり、あるいは悩みを持っている人の相談にも乗っておられるんですが、カウンセリングや心理療法の最終的な目的は何なのですか。

アドラーの生徒さんのウルフという人が書いた「人間でありながら、どうすれば幸福になれるか」という題名の本**があるんですよ。私がグループとか心理療法でしようとしていることも、不完全な、欠点だらけの人間のままで、今よりももうちょっとましな生き方ができないだろうか、ということです。

――すると、この本のメイン・テーマも、「どうすれば幸福になれるか」ということですか。

そう正面切って言われると、いささか気恥ずかしい。「幸福」なんていう言葉を聞くと、背筋が寒くなるんですよ（笑）。

――一般にそのようですね、特に野田さんは団塊の世代でもありますから（昭和二三

*ASMI（アスミ）
ASMIは現在はやっていない。合宿でやっているワークショップについては、「おわりに」に記載しているアドラーギルドのホームページを参照のこと。

**邦訳には『どうしたら幸福になれるか』（岩波新書）、『どうすれば幸福になれるか』（一光社）がある。

年生まれ）。言葉はともかく、私自身のことを振り返ると、幸福になるためには、どうも性格を変えないとだめなように感じるんです。

そんなに悪い性格なんですか。

――まあ、それほどとも思ってはいませんが（笑）。それはさておき、性格は変えられるんですか。なかなか変わらないという感じもするんですが。

なかなか変わらないっていう実感はありますよね。確かに、普通はなかなか変わらない。でも、私はこう思うんです。**性格は本当はとても変わりやすい。ただ、人間は、自分の性格を変えないための能動的な努力を絶えずやっている。だから変わらない。**

――へえ、そうなんですか。

ええ。放っておくと性格はどんどん変わっていく。それではいろいろと困ることがあるので、性格が変わらないように、いつもエネルギーを注ぎこんでいる。無意識的にですけれどね。

――自分の性格が具合が悪いと感じて、変えたいと思っていてもですか。

意識的にはそう感じていても、無意識的には性格を変える気なんかないんです。よく「自分の性格がいやだから変えたい」と言って相談に来る人がいるんです。こういう人に限って、何回か心理療法をすると、「もういいです。今と別の性格になるくらいなら、今のままで結構です」と言って、結局、性格を変えないいんです。

――「自分の性格を変えたい」という人は、かえって性格が変わりにくいということですか。

いいや、そうではなくて、**人間は一般に、自分の性格を変えたがらない**ということです。「変わらない」「変えられない」のではなくて「変えたくない」のです。私の大好きなインドの聖者バグワン・シュリ・ラジニーシ*が、「人間は毎朝起きたとき、その日一日、幸福でいるか不幸でいるかを選ぶことができる。でも、ほとんどの人は、不幸でいるほうを選ぶ」と言っています。** 我々の不幸は、そしてその原因である性格は、我々が自ら選びとったものなんですよ。

人間は自分の性格を変えたがらないのです

――わざわざ不幸でいるほうを選ぶなんて、何か馬鹿げているようにも思えますが、どうして幸福でいるほうを選ばないいんですか。

どうして人間は自分の性格を変えようとしないのか、ということですね。それは、性格を変えようと思えばいつでも変えられるんだけれど、ただでは変えられないからです。性格を変えるには税金がかかるんです。我々は、その税金を支払いたくない。「今持っているメリットはいっさい失わないで、デメリットだけをなくしたい。

*ラジニーシ(Bhagwan Shree Rajneesh　1931-1990)
インドの聖者。現在、普通は「和尚」と呼ばれている。講話録に『存在の詩』『般若心経』『究極の旅』『マイウェイ』『ダイヤモンド・スートラ』(いずれも、めるくまーる社)など多数ある。

**「朝、誰でも選ぶことができる。……いや、朝だけではない。まさに瞬間瞬間に、みじめでいるか、幸福でいるか選ぶことができる。……そしてあなた方は、いつも決まってみじめでいることを選ぶ。なぜならそうすることに投資しているからだ」
バグワン・シュリ・ラジニーシ『マイウェイ』(マ・アナンド・ナルタン訳、めるくまーる社)

さらに、新しい性格を手に入れるために、ほんのちょっとでも危険を冒すのはごめんだ」と虫のいいことを言うのは、それはだめだ。

性格を変えるということは、危険を冒すということなんです。今までの生き方を保っていくのであれば、ともかく何が起こるかはわかっている。まったく新しい生き方をはじめるとすれば、何が起こるかまったくわからない。大儲けかもしれないが大損かもしれない。そんな大博打（おおばくち）には、めったに賭けないものですよ、人間は……。

――保守的だということですか。

そのとおりです。臆病だと言ってもいい。たとえ話をしましょうか……。文具屋さんがいたとしましょう。

親の代からの文具屋で、そう儲かってもいないけれど、何とか細々とやっている。彼は「ああ、こんな商売はいやだ。もっといい生き方があるはずだ」と口癖のように言っていたとしますよね。それを真に受けて、彼のところへ行って、

「あんた、文具屋なんかよりも儲かる商売があるよ。食べ物商売のほうが絶対に儲かる。転職しなさいよ」

と勧めたとしましょう。文具屋は、ひょっとしたら一時は心を動かされるかもしれないけれど、結局はこう思うでしょう。

〈なるほど今の商売はそう面白味があるわけではない。でも、子どものころから慣

れた商売だから、とにかくよく知っている。大成功はおぼつかないが、大失敗もないことはまず確実だ。今転職すれば、大成功するかもしれない。でも私は、その仕事のことを何も知らない。この年になって西も東もわからない仕事をはじめたのでは、失敗する可能性のほうが大きい。何と言っても不安だし億劫だ。まあ、やめておこう〉

というようなことでしょうかね。

――いったい、どうすれば大きな犠牲を払わずに性格を変えられるんですか。

まあ、そう先を急がないで、もう少し悲観的な話をさせてくださいよ。こうしておいてから、劇的にひっくり返そうと思っているんだから(笑)。

◆人は思いこみから自由になれない

性格が変わりにくい理由は、人間が保守的で臆病だからだけではない。他のさまざまな理由をあげてみます。

まずね、アドラー心理学の用語で「**統覚バイアス**」と呼んでいるものがあります。これは、人間は、自分の性格に一致するように外界の出来事に意味づけをするということ。性格というのは、その人固有の信念の体系なんです。思いこみのシステムと言ってもいい。個人の思いこみは、一種の色眼鏡として作用して、その人の信念体系に合致するように、世界を勝手気ままに解釈してしまいます。

――「思いこみの強い人」という言い方がありますよね。

人間は皆、ひどく思いこみの強い人ばかりで、思いこみに凝り固まって生きているんですよ(笑)。

たとえ話をしましょうか……。向こうから女性が歩いてきて、私を見て、ふっと目をそらしたとする。それを私は、「僕のことを嫌いだから、軽蔑して目をそらしたんだ」ととるかもしれない。そうしたらそのように行動するでしょう。あるいは、「僕のことを好きだから、恥ずかしくて目をそらしたんだ」ととるかもしれない。そうすると、そのように行動するでしょう。あるいは、「たまたま向こうに彼女の友達でも見えたのかもしれない」ととるかもしれない。そうすると、そのように行動する……。

その女性が本当はなぜ目をそらしたのかとは関係なく、勝手な思いこみに基づいて、我々は行動する。

このように、我々は、客観的な出来事に反応して生きているのではなくて、客観的な出来事に対して、自分の信念に基づいて主観的な意味づけをして、それに反応して生きているわけですね。だから、その主観的な意味づけというのが、すべてを決めていくわけです。すなわち、出来事からこちらの反応までの間には、必ず性格が介在するわけです。

――人間は思いこみから自由になれない、ということですか。

そのとおりのことをアドラーが言っています*。

さて、ある人が「私はすべての人に嫌われている。ごらん、あの人だって私のことが嫌いだ。だから目をそらしたんだ」と主張したとしますよね。「いや、あれはあなたを好きだからそうしたのかもしれない」と言ったって、「いや絶対にそんなことはない」とその人は言うに決まっている。それが統覚バイアス。もし、誰かがこの人から目をそらさずに見つめ続けたとしたら、きっとこの人は、「あの人は私のことが嫌いだから、私を軽蔑のまなざしで見つめているのだ」と言うでしょうね(笑)。

統覚バイアスがある限り、人は自分の「性格」に一致した、矛盾のないデータしか受け入れないわけです。

――自分に都合のよいことだけを取り入れて、都合の悪いことは無視してしまう。

そうです。だから、性格は、絶えず自分を支持するデータに囲まれて安定している。耳に心地よいおべんちゃらばかり言う大臣に囲まれた、童話の中の王様みたいなものです。たとえ信念に反する事実が表われても、無視してしまうか曲解してしまう。こうして、性格はますます変わりにくくなる。

*「人間は意味づけの世界に生きている。我々は純粋な環境を経験することはできない。我々は、我々人間にとっての重要性に関係づけてしか、環境を経験できない。……いかなる人も、意味づけからのがれることはできない。我々はいつでも、現実を、我々がそれに対して与えた意味づけを通してのみ経験する。すなわち、現実それ自体ではなく、何かしら解釈されたものとして経験する」

Adler, A.: What Life Should Mean to You. Putnam, New York, 1958 (original 1931). アドラー・A『人生の意味の心理学』(高尾利数訳、春秋社)

◆思いこみは実現してしまう

さらに、性格は、環境との相互作用の中で、とても安定したシステムをつくっているので、とても変わりにくいということもあるのです。たとえば、「すべての人は私のことが嫌いだ」と思っている人がいたとします。たまたま誰かがその人のことを好きになったとしますと、その人はすごく不思議に思うわけです。「そんなはずはない。おかしい、これはきっと、何か下心があるのだろう。結婚詐欺か何かだろう」

と疑いはじめます。そして試しはじめるわけね。「あなた、本当は私のことなんか好きじゃないのに、何か下心があって、それで私のことを好きなふりをしているんでしょう」と……。そんなことを言うと、そのうち相手は腹を立てて去っていきますよね。そうすると、この人は失望するよりもむしろ安心する。そして、「すべての人は私のことが嫌いだ」という信念を確認するわけです。「ああ、だまされなくてよかった。やっぱりそうだった。誰も私のことを好きになんかならないんだ」と。

——やっぱり私は正しいんだ、と。

人間は、法則と例外とを分ける癖がある。性格っていうのは、結局そういうことだと思うんです。「この世の法則とはこれこれだ」という主観的な思いこみが性格だと思うんですよね。こうして性格は、目の前に起こった出来事が、法則に則ったものなのか、あるいは例外的な出来事なのかを見分ける働きをするわけです。

そのときに、先ほどの例のように、その人にとって、法則にはずれていると思われる出来事は例外だと処理しておいて、それと、法則との関係をつけるために、「あんた、それはおかしい。そんな例外的に見えることをしているけれど、本当は違うんだろう。本当は法則に則って動いているんだろう」と言うわけね。そうすると、それに従って、やがて環境も変わってくる。

――こちらの性格に相手が反応して、出方を変えるということですね。

性格は環境を変えていくということです。アドラーの言葉を引用すれば、「環境が人間をつくり、人間が環境をつくる」ということです。*

もちろん、環境によって性格がつくられるということもあるけれど、いったん、**ある性格を持つや、その人は周囲の環境を、自分の性格に、あるいは信念にといっても同じことなのですが、合うようにつくりかえていく。**

「すべての人は私の敵だ」と信じて暮らしている人のまわりは、実際に敵ばかりになってしまうし、「すべての人は私の味方だ」と思って生きている人のまわりには、実際にいい人ばかりが住むようになる。そうして、その人たちは、おのおのの信念をいっそう強めていく。そういうわけで、環境との相互作用の中で、性格は非常に安定してしまうわけです。

*「環境が人間を形づくるが、一方、人間が環境を形づくる」Adler, A.: Superiority and Social Interest, A Collection of Later Writings. Northwestern University Press, Evanston, 1964.

――思いが実現してしまうわけですね。

無意識的な思いがね。だから、そういう意味でも、性格はとても変わりにくい。

◆投資が大きいと方向転換が難しい

それから、もちろん、年をとればとるほど、性格は変わりにくくなるというのも、ある意味では本当です。なぜか。それは、やっぱり投資が大きいからだと思うんです。それまで、その性格に入れこんでいる、つぎこんでいるでしょう。今さら新しいほうに方向転換できないと、つい思ってしまうんですね。

――財テクならぬ、性テクですか。

人間っていうのは面白くて、競馬に行ってお金をすったとしましょうよ。すったらそこでやめればいいんだけどね、もう一枚買えば、今度はきっと当たるだろうと、またするわけね……。それまでに投資してあればしてあるほど、方針を変えるのが難しくなる。年をとって性格が変わりにくくなるのはこれなんでしょうね。

別に年をとっていなくても、自分では都合の悪い性格だとわかっていながら改善できないっていうのもこれなの。都合が悪いことはわかっているのだから、変えればいいんだけれど、「もう少しこの線で押せば、きっと当たるだろう」ってね。

――都合の悪い性格というのは、たとえばどんな場合ですか。

例をあげると、叱っても叱っても悪いことをやめない子どもがいたとします。親は困り果てている。そこで、私は親に言います。「叱ってもしようがないなら、叱るのをやめてみたらどうです」。でも、親はやめられないんですね。叱るのはよくないんだと頭で理解できたとしても、なおやめられない。

なぜ、やめられないかというと、一つには、「叱らないでおくと、つけあがっていっそう悪くなるんじゃないか」と不安になるから。もう一つには、「もっと叱ると、ひょっとしてこの子だってわかってくれるんじゃないか」と思うから。

——負けがこんでくればくるほど、今度こそ負けが取り戻せるのではないかと思う……。

今まで一年も二年も叱ってきてわかってくれなかったんだから、その方向はだめだと思ったほうがいいんだけど……。でも、やめないね。

別のたとえで言うと、迷路の中を歩いていて、壁にぶつかったとしましょう。そのときにしなければならないことは、本当は、戻ることしかないわけですよね。ところが人間は、えてして行き止まりの壁を押しつづけるんです。もうちょっと押せば開くのではないかと思ってね……。開かないんだよ(笑)。今までのパターンでうまくいかないのなら、そのパターンを捨てるしかないんだけれど、なかなかそうはしないんですよ。もう少しこのパターンを徹底させればうまくいくのではないかと、つい行き止まりの壁を押しつづける。

――実験室のネズミみたいですね。

今までのことを少しまとめておきますと、人間が自分の性格を変えたがらないのにはさまざまなわけがある。

第一に、人間は保守的だから。

第二に、人間は思いこみに凝り固まっているから。

第三に、個人と環境との相互作用の中で性格は安定してしまうから。

第四に、人間は自分の性格にたっぷり投資しているから。

考えれば、他にももっと理由があるかもしれない。ともかく、そういうことがあって、性格っていうのは、変わりにくいといえば非常に変わりにくいんです。ただ、「変えないことを決断している」ということに注目してほしいんです。だから、決断をやりなおせば、まことに簡単に変わるんですね。

自分で決断すれば性格は変えられるのですね

――「性格を変えよう」と強く決断すれば、性格は変えられるということですね。

そうなんだけど、正確に言うと、そうではない。性格を変えるために必要な決断は、「性格を変えよう」という決断ではない……。というのは、「変えよう」という決断は、今現在の性格から出てきているわけですから。

――ちょっと、よくわからないのですが。

「性格を変えたい」という願望なり決断なりは、今現在の性格から出てきている決断で、たとえて言えば、自分の髪の毛を引っ張って空へ飛ぼうとしているみたいなものです。だから、無理なんですね。

そうではなくて、「今の性格を保つのをやめよう」という決断をすることです。「性格を変えないでおく努力をやめよう」という決断をするのだと言ってもいい。「今までの行動パターンを、とにかく捨てよう」という決断だと言ってもいい。今までの常識を、たとえそれがどんなに正しいと思えても、いったん棚上げにして、虚心坦懐に事態に対応してみようと決断すること。この決断ができる人は変われるんですね。

――「変わる」ことを決断するのではなくて、「同じでいる努力をやめる」ことを決断するんですね。

そうです。ところが、その決断がなかなかできない。なぜかというと、こわいから。

だって、何が起こるかわからないでしょう。今までのパターンどおりにやっていれば、次に何が起こるかは予知できるわけです。性格とは、その人なりの人生の法則です。

法則の第一の効用は、予測ができるようになることです。次に起こることが、たとえ望ましくないことであっても、とにかく予知はできる。性格の重要な働きの一つは、未来を予知することです。超能力のことを言っているのではなくて、今私があなたを突然殴ったとすれば、あなたがどう反応するかは、私には予知できます。そういうことを言っているのです。これは、碁や将棋で、手筋とか定石と言っているものに似ています。定石を守っていると、何手か先まで予知できます。定石からはずれると、予知能力がうんと悪くなる。

今、ある人が彼なりの定石を守っていて、負けたとするでしょう。そこで「もう定石を守るのはやめた。これからは定石を捨てて、何もかもまったく新しく自分で考えて勝負するぞ」と考えるかというと、そうはしない、こわいですからね。どうなるかわからない。予知ができなくなってしまう。それに、定石を守っていたら、負ける場合もあるけれど、たまに勝つ場合もある。そうすると、たとえ効率が悪くても、次にどんな手が来るかわかっている手を、人間は打つんですよね。

——逆転ホームランより送りバントを選ぶ、と。

そう。たとえば、子どもが夜遅く帰ってきたときに「あなた、どこをほっつき歩いてたの。どうせどこかで、悪いことでもしたんでしょう」と言っていた親にね、

「それはやめて、『お帰りなさい。寒かったでしょう。こっちへ来て、お茶でも飲まない？』と言ってみませんか」って助言したとしましょう。

するとと、親は不安になります。そんなことを言うと、次に子どもが何をするかわからないから。いっそう悪くなるのではないか。今までの方法だと、悪いことは悪いけれど、これ以上は悪くならないだろうという確信が何となくあるわけです。よくもならないけどね。

——慣れたやり方で安心だし……。

子どもの対応も予測できるからね。親が罵ると、子どもは、たとえば、「うるさいな」と向こうへ行ってしまう。ところが、親が「お茶でもどう？」と言うと、子どもがどう出るかはまったくわからない。そういう不安さ、不確定さを引き受ける勇気を持たないと、性格は変えられない。

ということは逆に、次に何が起こるかわからないということを引き受ける勇気さえ持てば、性格は簡単に変わる。

——でも、不安になるのも、理解できますね。

だから、我々治療者は、クライエント（来談者）が不安を乗り越えてくれるように工夫をしないといけない。その工夫を、アドラー心理学では「**エンカレッジメント**（encouragement）」というんです。「**勇気づけ**」と訳すこともあるんですが、あまりよい訳語ではない。「勇気」というと、私は何となく野蛮な感じがするんです。ここで言う「カレッジ（courage）」というのは、アドラーはドイツ語で書きましたので、元々はドイツ語で、「ムート（mut）」という言葉なんです。これは、まさに日本語の「気」にあたる言葉なんですね。

――そんな言葉が西洋にもあるんですか。

ええ、「気力」「元気」「根気」「やる気」「勇気」の「気」ですね。それらを全部含めて、ムートっていう言葉を使うんです。だから、アドラーが勇気って言っているのは、活力、バイタリティというようなものだと思っていい。前向きの姿勢というような言い方をしてもいいと思う。とにかく、それがあれば、性格は変えられる。

性格を変える鍵は勇気だということです

――気をしっかり持てば乗り越えられ、性格は変えられる、ということですね。

まあそうです。そう言ってしまうと、精神主義みたいで、ちょっといやなんですけどね。気難しくてごめんなさい。まあ、そういうことをふまえた上で、勇気とか勇気づけとかいう言葉を使うことにしておきましょうか。

――では言いなおして、性格を変える鍵は勇気だということですね。

不安に打ち勝つ勇気、不確定を引き受ける勇気ね。アドラー心理学のカウンセリングや心理療法はね、一言で言うとエンカレッジメント、勇気づけなんです。

――個人を対象とした心理療法であろうと、グループ療法であろうと、そう言えるのですか。

何であろうとそうです。勇気をくじくような、ディスカレッジングな要素は、あってはいけない。全体として、勇気が出てくるように、前向きの姿勢になるようにセッティングするわけです。

――具体的にはどのようにするんですか。

それがこの本の主題ですから、そう簡単には言えない（笑）。

でも、かいつまんで説明しておきましょうか。下の図を見てください。玉は、ある個人を表わしていると考えてください。左の谷間は、ある性格を持った生き方を表わしています。玉は谷底を転がっています。谷底にいるので、一応は安定しているのですが、この谷は標高が高くて、酸素が薄く、やや居心地が悪い。つまり、この生き方は、必ずしもよくない。でも、左右に崖があって、登るのは億劫なので、ずっと谷底を転がって暮らしている。これが、ご使用前の姿です。

この人を、右側の、より住み心地がよさそうな谷間に移住させたい。これが心理療法の目標です。さて、どうすればいいか。

――途中の峠を越させなければなりませんね。

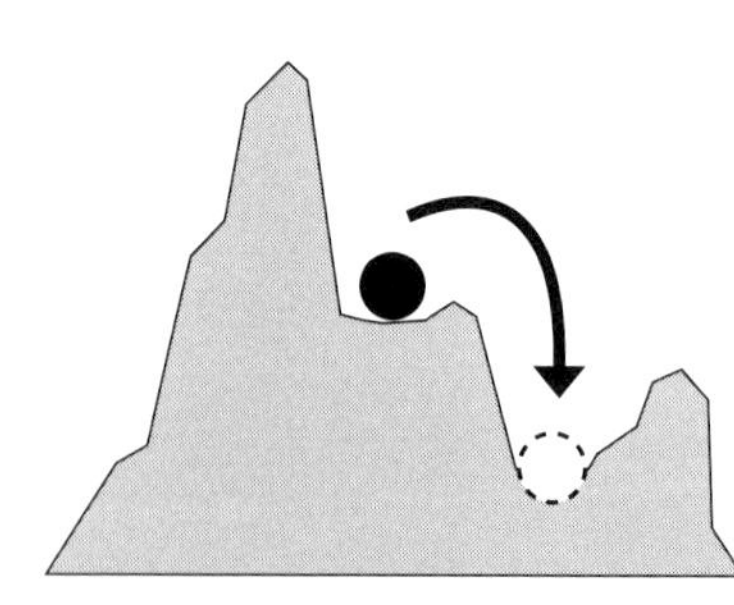

そうです。途中の峠を越えるのが大変なんです。そこで、いろいろと作戦を立てる。

まず、何はともあれ、今の谷間に嫌気がさすように仕向けます（笑）。

具体的には、「このままでやっていくと、結局どうなると思いますか」というようなことを尋ねる。ご主人のことを罵って暮らしている奥さんには、「そうしてご主人を罵っていると、ご主人はあなたのことをいっそう好きになってくれると思いますか、それともだんだん嫌いになっていくと思いますか」なんて言う。「今でも充分に嫌われていますわ」なんて答えたりして。

——意地悪な質問。あまり勇気づけみたいには見えないけれど（笑）。

勇気づけっていう言葉は、だからよくないんです。勇気づけはごますりやご機嫌とりのことではない。ここでは、事実を直視するよう勇気づけているんですよ。

◆結末の予測と代替案

こういうテクニックを、「結末の予測」と呼んでいます。こうして、今いるところの居心地が悪くなったら、変わろうという気が募ってくるでしょう。そこで、ころあいを見はからって、右側の、約束の地を垣間見させてあげる。

そのとき**「今やっていることをやめなさい」という助言は意味がないんです。「今**

やっていることをやめて、かわりにこうしなさい」って言ってあげないと、勇気がくじけてしまう。「ご主人を罵(ののし)るのをやめなさい」って助言しても、「それじゃいったいどうしろと言うのよ。黙って好きにさせておけって言うの!」と反撃されてしまうでしょう。だから、たとえば、「ご主人を罵るかわりに、ご主人にうまく甘えてみませんか」と助言する。こういうのを「**代替案**」と呼んでいます。こう言っても、どうやって甘えていいのか知らない人が多いんですね。そんなときには、甘え方のトレーニングをする。

たとえば、今までは、「あなた、結婚以来、一度も映画にも食事にも連れて行ってくれたことがないじゃないの!」と言っていたとすると、そのかわりに、「ねえ、一度、映画か食事にでも連れて行ってくださらない?」と言ってごらん、と助言して、私を相手にちょっと実習してもらう。そして、家に帰って実行してもらうわけです。

——**具体的によりよい行動を提案し、訓練するわけですね。**

そうです。具体的に助言してあげないと実行できない。そうして、代替案を実行してくれればいいんですがね、なかには抵抗する人もいる。「そんなことをしても、うまくいくわけがありませんわ」。これは、二つの谷間の間の峠が険しすぎるんです。

——**頭ではわかるけれど実行できない。**

そんなところでしょうね。いや、あるいは逆かもしれない。頭が一番わかっていないかもしれない。

だって、こういう場合には、クライエントは頭の中で、「そんなことをしてもうまくいくはずがない。なぜなら……」と、千と一つの理由を、これでもかこれでもかと並べ立てているんですから。

――性格が変化に抵抗している。

擬人的な比喩を使えばね。もっとも、私はそういう言い方は好きではありませんが……。性格は個人の中の、ある部分にしかすぎないから。部分である性格が、全体である個人に抵抗するわけがない。個人の中に性格という小人（こびと）がいるのではない……。

ともあれ、代替案を提示してもいっこうに実行しようとせず、さまざまに抵抗ばかりする人に対してどうするか、というのが、カウンセラーの腕の見せどころではあるんです。教科書的には、「実行可能な別の代替案を与えて、段階的に変革させよ」ということなんですけれど、そして、それは実際にうまくいくんですけれど、退屈なんですよ。

――はあ？

私が退屈するんです（笑）。もっとスマートな手を使いたい。その一つの手として、たとえば瞑想があるんです。

――突然、瞑想が出てきましたね。

◆セラピーは「考え」の裏をかく

瞑想でなくてもいいんですけれどね……。瞑想の他にも、さまざまなユニークなテクニックがありますよ。瞑想であれ何であれ、**考えの裏をかいてやる**テクニックであればいいんです。

さしあたってここでは瞑想を例にとりましょう。ある種の瞑想テクニックを使うと、人は考えられなくなります。抵抗は考えだって言ったでしょう。考えていると不安になるだけなんです。**考えは、新しい行動様式に反対することはあっても、賛成することはまずない。**新しいやり方の不安材料ばかりを供給してくれるんです。「こんな医者の言うとおりにしても、うまくいくわけがない。きっと今よりももっと悪くなる」ってね。考えれば考えるほど不安が募って、身動きがとれなくなる。考えている限りは、今の行動パターンから抜け出せない。つまり、考えている間は性格が変わらない。だから、ともかく、考えられないようにしてしまえばいい。そうすると、ついうかうかと代替案を実行してしまうんです。実行してくれればもうこっちのもの。ふと気がついたら、あらあら変わっちゃってる(笑)。

一度よい暮らしの味を覚えた人は、前の暮らしには戻れませんよ。性格を変える鍵は、「考えを信じないで、体験を信じる」ということだと、私は思うのです。

——案ずるよりは産むがやすし、というところですか。

そのとおりです。考えているよりは、とにかく新しい行動様式を実行してみることです。その過程で、考えが邪魔になることがある。考えが変革への勇気をくじいてしまう。そのときに、考えの裏をかくための特殊なテクニックが必要になる。性格とは、また別の言い方をすれば、考えなんですから、考えを裏切れば性格は変わる。

◆逆説的アプローチ

——瞑想以外の特殊なテクニックとしては、たとえばどんなものがありますか。

「パラドクシカル（逆説的）な指示」というテクニックの例をあげましょうか。

ケース　暴力的な夫を持つ妻

ある奥さんが、夫婦仲がよくなくて、「うちの主人はとても残酷で、言うことを聞いてくれなくて、すぐ暴力をふるう」と言うんです。ところが、実際には、暴力をふるうご主人の奥さんというのは、暴力をふるわれるだけのことはある女性の場合もありましてね（笑）。こんなことを言うと、どこかからクレームがつくかもしれないけれどね……。でも、奥さんの対応の仕方にも、きっとまずいところはあるわけです。

ところが、被害者意識を持って、「相手がすべて悪い。まあ、何てかわいそうな私！」というゲームをやっている。この信念に凝り固まって事態を見ているから、「自分にも問題がある」ということが見えなくなってしまっている。たとえ、「奥さん、あなたのやり方にも問題はあるんですよ」なんて言ってあげても、「先生は全然わかってくださらない」と言って、聞き入れてくれない。

そこで、まず、「私のやり方は絶対に正しい」という信念を破綻させないといけない。そこでパラドクシカルな指示を使うんです。まず「ご主人が遅く帰ってこられたら、どうしていますか」と尋ねます。すると、「がみがみ罵(ののし)ったあとで、ぷいと横を向いて寝てしまいます」と答える。結構攻撃的なんだ（笑）。

「それで、ご主人が早く帰ってくるようになりましたか」「いいえ、なりません」と……。ここからがパラドクシカルなんですが、「じゃあ、その程度のやり方では通じないんだ。だから、今度遅く帰ってきたらすりこぎでもってご主人を殴るわけにもいかないから、そこらのテーブルでもバンバン叩いて、大声で、思い切り罵ってごらんなさい。もしご主人が逆上したら、お皿でも何でも投げつけてやりなさい」と助言する。

——ひどい助言ですね（笑）。

まったく。さて、次回の面接……。「どうでした？」

「もっと殴られました」

「そうすると、あなたが強圧的になればなるほど、ご主人は暴力的になるようですね。今度は手を変えて、うんと優しくしてみましょうか」と言える。

こういうパラドクシカルなテクニックっていうのが、アドラー心理学の外側でも、このごろはやりですね。ジェイ・ヘイリー*あたりが言いだして。

——そうなんですか。

結局ね、逆説的アプローチというのは、クライエントの誤った行動を極端に誇張して実行させてみて、それが破綻に至ることを証明してみせるわけです。誤った信念ががちがちに強固になっているときに、これをやる。

断わっておきますけれども、パラドクシカルだからいいとか、パラドクシカルでなければならないとかは、私は思わないんですよ。要は、話し合いによってでもいいし、あるいは、適切な行動を助言してでもいいし、とにかく今までの信念体系は破綻しているんだということに、体験的に気づいてもらえばそれでいいわけです。

——なるほど。性格を変えるには工夫がいるということですね。

そのとおりです。

＊ヘイリー（Jay Haley）
アメリカの家族療法家。元はコミュニケーション論の研究をしていたが、統合失調症家族のコミュニケーションの研究を通じて家族療法の技法を開発した。彼の技法は逆説的な助言で知られている。著書に『戦略的心理療法』（黎明書房）、『家族療法』（川島書店）などがある。

ところで、アドラーに、「何歳ぐらいまでなら性格を変えることができますか」って質問した人がいたんですよ。そうするとアドラーは、「死ぬ二日くらい前までなら」って答えたんですって。*

私は、この「二日前」っていう説には賛成しない。アドラーなら二日で充分かもしれないけれど、僕は一週間はほしい（笑）。

*「アドラーに、性格を変えるのに手遅れになるのは何歳ぐらいになってからかと尋ねたことがあります。彼は言いました。『死ぬ一、二日前かな』」Manaster, G. et al. ed.: Alfred Adler; as We Remember Him. North American Society of Adlerian Psychology, Chicago, 1977. マナスター・Gほか『アドラーの思い出』（野田俊作ほか訳、創元社）

Q 2. 性格を変える方法にはどんなものがありますか

――ところで自己分析でもって性格を改善することはできるんですか。

ノー。自己分析を通じては性格は変わらない、というのがアドラー心理学のオーソドックスな見解ですし、私もそうだと思います。

――さまざまな心理学の流派で、自己分析を勧めているように思いますが。

アドレリアン（アドラー派の心理学者）は、自己分析は勧めません。それどころか、特に初心者には、禁止しているくらいです。

――それはまた、なぜ。

いわゆる自己分析では、自分を知ることはできない。初心者だけではなくて、誰も、自分の力だけで自分を知ることはできない。

自己分析は、そもそも原理的に不可能なんですよ。初心者は、そのことを知らないで自己分析したがる。だから禁止しているんです。不可能なことをしようとして、無駄なエネルギーを使わないように、親切に言っているんです。

熟練者になると、自己分析が不可能なことを知っているから、別に禁止しなくても、やってみようとしない。

――やや意外なことを聞く気がします。なぜ自己分析は不可能なんでしょう。

統覚バイアスということを言ったでしょう。我々は色眼鏡をかけているわけね。その色眼鏡を通して自分の色眼鏡を見ると、二重色眼鏡で、何が何だかわけがわからない（笑）。

――なるほど。では、どうすればいいんですか。

だから、自分自身を知りたいと思うのなら、自分とは異なった色眼鏡をかけている他人に、「私はいったいどうなってるの？」と聞いてみるしかない。ヴァン・デン・ベルクというオランダの精神科医が、「無意識とは、まわりの人々はよく知っていて、本人だけが知らないもののことだ」と言っていますが、*まったくそのとおりだと思います。

だから、私なんかも、ときどき困った問題があると、自分で考えないで、仲間に相談するわけね。「こんなことがあるんだけど」って。すると、「それ、いつものお前のライフスタイルじゃないか」って言われたりして。「それはそうだ」としか言いようがない（笑）。ちなみに、性格のことをアドラー心理学ではライフスタイルって言うんです。

――そうですか、自己分析はまったくだめですか。

＊「患者が知らないことを他人が知っている。……患者の『無意識的なもの』は他の人々には意識されるのだ。ある患者の『無意識』について知ろうと思えば、他の人々が彼についてどう言っているかを聞くことになる。この（他の人々の）なかに、とりわけ精神療法家自身が属することになろう」ヴァン・デン・ベルク、早坂泰次郎『現象学への招待――〈見ること〉をめぐる断章』（川島書店）

知的に自分を分析してみても何も起こらない。知的に自己分析して、「これが自分の性格だ」と思っているものは、たぶん間違っている。だから、性格そのものの分析とか、現在直面している問題と性格との関係とかは、誰かに分析してもらうしかない。

性格を知らないでも自分を変えられるのですか

——自己分析はだめだとしたら、性格を変えるためには、心理療法を受けるほかはない、ということですか。

必ずしもそうではない。自己分析は不可能だと言ったけれど、自己変革が不可能だとは言わなかったでしょう。

自己分析っていうのは、自分の性格を自分で分析することで、それは不可能。だから、性格を分析しようとする限りは、心理療法を受けるしか手がない。でも、性格を分析しなくても、性格を変えることはできるんです。つまり、自分を知ることは、自分を変えることの必須条件ではない。

——性格を分析しないでも、自分を変えることができると。

性格について知ることは、必ずしも必要ではない。性格を変えたければ、ただ、考えるのをやめればいい。それさえできれば、性格は変わりはじめる。

――えっ、考えるのはいけないんですか。

性格とは、ある見方をすれば、「考え」なんです。だから、考えている限り、罠の中で堂々めぐりをしていることになってしまう。犬が自分の尻尾を追いかけてぐるぐるまわっているようなものです。毒を消すために、さらに毒薬を飲むようなものです。

――私たちは、よく考えないから馬鹿なことをしてしまうような気がするんですがね。

ケース 好きな人に近づけない女性

考えることの目的は何でしょうか。こんな話があるんです。

グループ・セッションでの出来事なんですが、私が、「一番好きな人とペアをつくってください」と言ったんです。あとで、ある中年の女性が、「さきほど先生は、一番好きな人とペアをつくれとおっしゃったけれど、とてもいやでした。私は全員と仲よくなりたいんです。ここに来てまで、好き嫌いを言って、誰か特定の人を選びたくないんです」と言うんです。

そこで私は、「ひょっとして、特定の人を選ぶのがこわいんですか」と尋ねた。その人は、ちょっと考えたあとで、「ええ、そうですわ！ 私、こわがっているんです。

今、気がつきましたけれど、私が好きになった人が私を拒否するんじゃないかとおそれているんです。それに……」と、しゃべりはじめたんです。

——気づきがあった。

まあね。そこで私は、「あることをおそれていることに気づいたら、どうすればいいか知っていますか」って尋ねたんです。彼女は「いいえ、わかりません」

「何かをすることに抵抗を感じたときに、ただ一つしなければならないことは、そのことをすること。一番してはいけないことは、なぜ抵抗を感じるのか分析しはじめること」

「わかりました。でも、私、考えるんですけれど、これは私の生い立ちと関係があって……」

私は彼女のおしゃべりをさえぎりましてね、「お願いだから、どうか考えるのをやめてください。ただ実行してくださいませんか」(笑)。そして「あなた、考えるということの目的をご存じですか」と尋ねたんです。彼女は、「いいえ、知りません」と言います。そこで、こう言ったんです。「それは、ただ一つ、自分を変えないため。我々は、今の自分を変えないためにはどうすればいいか考えるのであって、変えるためにどうすればいいか考えるのではない」。

——何だか思い当たることがありますね。

インドの聖者クリシュナムルティ*は、「考えることをやめて、起こっていることをありのままに見つめれば、自分は変わりはじめる」というようなことを言っていますが、私もそう思う。**

◆変われないのは「考え」るから

——考えてだめだとすると、何をすればいいんですか。

ただ、「自分は馬鹿なことをしている」ということを知ればいい。もしあなたが、「何かおかしいな」と感じるとすれば、それはきっとあなた自身がおかしいんだ。何がどうおかしいかは知る必要はない。ただ、「間違っているのは自分だ」ということを認めさえすれば、それでスタートできる。

——もう少し説明してください。

もし馬鹿がいるとしたら、それは私なんだ。私以外の人が馬鹿で、私一人はお利口だと思っている間は、私は変われない。「私は正しい。間違っているのはお前だ」と言っている間は変われない。そう言いつづけているのが、我々の「考え」ですよね。千と一つのその証拠を並べ立てているのが、考えというものですよね。それに耳を貸してはいけない。

——「考え」は自己正当化だと。

*クリシュナムルティ（J. Krishnamurti 1895–1986）インドの聖者。講話録に『生の全体性』（平河出版社）、『クリシュナムルティの瞑想録』（平河出版社）、『生と覚醒のコメンタリー』（春秋社）、『真理の種子』（めるくまーる社）などがある。

＊＊「実際にあるがままの自分の姿を、自分の力であばくことは、きわめて重要である。……実際にあるがままの自分を見るためには、自由であることが不可欠である。自分の意識の中身すべてからの自由、思考によって組み立てられたいっさいのものである『意識の中身』からの自由があることが不可欠である。……あるがままの自分を見ること自体が、すでに変容のはじまりである」
クリシュナムルティ・J『生

そう。自己正当化をしている限り変わらないでしょう。

我々の考えがどんなに自分を正当化しようが、考えを脇へ置いておいて、ちょっと外から自分のやっていることを見れば、我々は馬鹿なことばかりしていることがわかりますよ。そうすると、性格は変わりはじめるんです。

――馬鹿なことって、たとえばどういったことですか。

感情に支配されたり、人目を気にしたり、実現不可能な理想を追いかけたり、そういうこと……。我々が当たり前だと思っていることのほとんどは、私の言う馬鹿なことです。たとえばね、人から罵られたら、傷つくのが当たり前だって思うでしょう。でも、当たり前ではないんだ。この世に、当たり前なんてないんです。別に傷つかなくてもいいんです。それなのに、傷ついている。これは馬鹿げている。笑っちゃう。

――自分が馬鹿なことをしていると気づくのが、大切だとしても、そう気づくと落ちこみませんか。

落ちこむのもまた馬鹿なことなんです。落ちこむのはなぜかというと、考えるから。「俺はなぜこんな馬鹿なことばかりするんだろう」って考えるから。そこでも考えはじめてはいけない。ただ笑うことです。暗くなってはいけない。「なぜ、こんな馬鹿なことばかりするんだろう」と考えてはいけない。人生は滑稽な喜劇なんだか

の全体性』（大野純一・聖真一郎訳、平河出版社）

ら、「なぜ」はないんです。ただ笑えばいいの。「性格が……」などと言いださないこと。それを言いだすと道に迷うから。

——それだけのことで変われるんですか。

それだけのことって言うけれど、これは難しいことなんですよ。人間は自分を責めてみじめになるのが好きなんです。「馬鹿な奴め!」と自分に言うと、言われた自分が悪い人間になればなるほど、言った自分はよい人間になるような気がするからね。

自分の性格を知ることは不必要ですか

——では、自分の性格を知ることは不必要だと。

不必要だとは言わない。ごめんね、混乱させるようなことばかり言って(笑)。

自分のパターン、つまり自分の性格を知っておくほうが、それを知らないよりは、はるかに便利だと思う。人それぞれに、その人特有の馬鹿のパターンがあるんですよ。ある特定の状況になると、きっと特定の馬鹿をやってしまう。それがライフスタイル、つまり性格です。それを知っておくと、その特定の状況が起こったときだけ気をつけていればいい。だから、うんと経済的なんです。いつもいつも自分を見つめていなくてもいい。ある特定の場合にだけ注意深くあればいい。

――でも、性格は自分で分析することはできないんでしょう。

そうです。だから、性格を分析してから自分を変えるコースは、心理療法を受けないとたどれない。

――心理療法を受けないコースで性格を変えるのは、やはり難しいですか。

よほど心理療法を受けるのがこわいんですね。

――実はそうなんですよ（笑）。

それは、我々の心理療法のやり方をご存じないからだ。我々は、クライエントの欠点を暴いて落ちこませる趣味はないんです。勇気づけオンリーなんですよ。

――それはうかがいましたけれど、やはり不安があるんですよ。

まあ、治療を受けるのがこわいうちは、それほど困っていないということだから、今のまま暮らしていていいんですよ。いよいよ困れば、こわいなんて言っていられなくなるから。虫歯だってそうでしょう。いよいよ痛みだすまでは、歯医者には行かないものね。我々のやる心理療法は、歯医者さんほどは痛くないけれどね……。

◆変化への旅は一人で出かけないほうがいい

それはさておき、自分を変えるというのは、登山のようなものだと思うんですよ。初心者は一人では出かけないほうがいい。一人で出かけたら絶対に遭難する、とまでは言いませんがね。案内人をつけたほうが安全です。少なくとも、能率がいい。せめて一回でも合宿のグループ療法に参加するか、あるいは短期間でも個人心理療法を受けていれば、コツがわかりますから、あとは一人ででも行けるでしょうけれど。

——心理療法の場合には、必ず性格を分析するんですか。

性格の分析は、アドラー心理学ではライフスタイル診断と言っています。ライフスタイル診断は、それが必要だと思われる場合にだけします。だって、面倒くさいもの（笑）。全ケースについて何が何でもライフスタイル診断をしなければならないとは、私は思わない。

たとえば、グループ療法では、参加者一人一人のライフスタイル分析をしている暇なんかないでしょう。だから、普通は、ライフスタイル診断なしで治療せざるをえない。個人心理療法でも、ケース・バイ・ケースで、ライフスタイル診断というルートを通る場合もあるし、あるいは通らない場合もある。また、通る場合でも、ただ、ライフスタイルを診断してこちらの治療戦略上の参考にしたり、あるいは単にクライエントに伝えるだけの場合もあるし、クライエントの現在の問題と性格との関係に注目して話を進める場合もあるし、あるいはクライエントのライフスタイルがどのようにしてできてきたかに注目して治療する場合もある。

——性格がどのようにしてできてきたかに注目して治療するというのは、フロイト派の精神分析のように、外傷体験にさかのぼるというようなことでしょうか。

ケース　過干渉な母親

いいえ、全然違う。事例をあげて話をするといいでしょうね。

ある母親ですが、子どものやることなすことが気に入らない。それで、子どものあらゆる行動にいちいち口出しをするので、親子喧嘩が絶えない。自分があまりにも過干渉なのがいけないのだと、頭ではわかるんだけれど、いざその場になると、我慢できないで、つい口出しをしてしまって、あとで後悔する。

——よくあるそうですね、こういったケースは。

男の子が二人いるんですが、一人の子は、もうかなり大きいのにおねしょしていたりしてね……。

さて、この人は、下に弟が二人いる長女なんですよ。そして中学生のころにお母さんを亡くしている。それで、弟たちの面倒を見て大きくなった。その過程で、「私が面倒を見てあげないと、弟たちはちゃんと生きていけない」という強い信念を形成したんでしょうね。今は、弟たちのかわりに、自分の子どもに対して同じことをやっている。「私が面倒を見てあげないと、この子はちゃんと生きていけないんだわ」。これは馬鹿げている。だって、その子たちには母親がいるんだもの。少々いすぎるくらいにね(笑)。

「あなた、子ども時代のパターンを、相手を変えて、今も繰り返している」って説明してあげたら、「なんだ、そんな馬鹿なことで私は動いていたのか」っていう洞察が生じて、彼女はあっさり子どもにお節介を焼くのをやめてしまった。それで一件落着。

——そんなに簡単なんですか。

こういうふうに言ってしまうと簡単そうに聞こえますがね、実際にはそう簡単ではないですよ。これは治療者が、いっぱい勇気づけをしながら起こっていることを解釈した。だから暗くならずにうまくいったんですよ。自分一人でこのルートを通るのは難しい。

性格を変えるには「気づき」が絶対必要ですか

——性格を変えるためには、性格を分析する必要は必ずしもないけれど、自分が馬鹿なことをしているということについての「気づき」は必要だということですか。

「気づき」ねえ……。気づきっていったい何だろう。

私はね、よく「気づき」ではなくて「見届け」だって言うんです。盛大に気づいて、しかも何も変わらない人っているでしょう(笑)。あれは、見届けが足りないと思うんです。

気づきも大事だけれども、気づきよりも大事なのは見届け。「ああ、例のパターンがまた出ている」と、絶えず見届けつづけて、そして、パターンとは違う行動を選択すること。「ああ、そうか」で終わっては、変わらないんですよ。気づきというのは、一時的な出来事だと思うのね。見届けというのは、ずっと持続する出来事。

――つまり、気づき型の自己分析では人は変われないが、見届け型の自己分析でなら変わるということですね。

そういうのを自己分析と言っていいんでしょうかね。自己分析とはちょっと言えないな。

これは、自分一人で自分を変えようとする場合だけではなくて、治療者の援助で変わる場合にも同じことなんですよ。つまり、我々のカウンセリングや心理療法の一般的な手続きなんですよ。

まず、先入観をなくして、実際に起こっていることや、それに対する自分の不合理な反応を見届けること。このとき性格分析をしてあれば便利なんです。どんなときに自分が不合理な行動をしてしまうかがわかっているので、気をつけなければならないポイントがわかるから。

次に、機械的になってしまっている今までのパターンが出そうな瞬間に目覚めていて、より合理的な行動をやってみること。そして、それがうまくいくことを体験して味をしめること……。性格を変えるには、これだけの手続きが必要なんです。

それは治療者について心理療法を受ける場合でも同じなんです。だから、我々の心理療法は、特に個人心理療法の場合には、治療室で何かが変わるだろうとは、あまり期待していない。現場、すなわち実生活での見届けが鍵なんですよ。

◆Aha!体験が性格を変える

たとえ話をしましょう。子どもが遅く帰ってきたら、「どこをほっつき歩いてたの?」と言っていた母親にまた登場してもらいましょう。この言い方は、この人の性格、すなわちライフスタイルに深く根ざして、機械的なパターンになってしまっている。だから彼女は、ついついそう言ってしまう。そう言わないためには、彼女は目覚めていなければならないんです。

そこで、我々が「子どもが帰ってきたら罵る(ののし)のをやめて『お茶でもどう?』と言ってみませんか」と助言したとして、彼女がそれを実生活で実行できるためには、見届けが必要なんです。彼女が自分に目覚めていて、パターンである「どこをほっつき歩いてたの?」が首を出す瞬間に、すかさずモグラ叩きをして、かわりに「お茶でもどう?」を実行しないといけない。新しいやり方を実行してくれたときに、そして、それに対する子どもの反応を目覚めて見届けてくれたときに、その人の中にぱっとAha!体験が、「そうか!」って起こる。そのときに、今までの結ぼれがぱっとほどけてしまう。そのときに何かがわかって、そして性格が変わる。

——Aha!体験ですか。

もっとも、いつもそううまくいくとは限らない。たとえ母親が目覚めていて、ちゃんと助言を実行してくれたとしても、子どもがどう反応するかは、我々治療者にもわからない。「うるさいな」って、やっぱり行ってしまうかもしれない。

——向こうも千差万別ですものね。

「うるさいな」って行ってしまったら、私たちの助言が間違っていたわけで、また別の手を考えます。どこかにきっと、Aha!体験の起こるきっかけがあるはずだと信じて、いろいろやってみるしかない。そうやってのみ性格は変わると思うのです。だから、性格を変えるということは、常に可能ではあるけれども、ただ、そのための方法には、治療者の側にはとても工夫がいるし、クライエントの側にはたくさんの勇気がいる。

——治療者はその勇気を与えつづけるわけですね。

我々治療者は、たくさんのことを知っていなければならないんです。アドラーは、自分の理論を「人間知」と呼ぶのが好きだったんです。治療者にはたくさんの人間知が必要だ。我々はどういう場合にどういう馬鹿なことをしやすいか。どうすれば、暗くならずに自分を見つめ、乗り越えることができるか。さらには、乗り越えて、どこへ行けばいいのか。すなわち、どんな原理に基づいて生きれば、幸福な生活が可能になるか。

——今の自分を乗り越える方法だけではなく、どこへ行けばいいのか、行き先も知っておかなければならないんですね。

そう。「今どこにいるか」を知るよりも、行き先を知ることのほうが、むしろ大切なんです。どこから来てもいいから、正しい目的地へ到達すればいい。

——その正しい目的地というのは、どんなものですか。

それは、このお話全体の主題です。まあ、そう急がず、ゆっくりいきましょう。とにかく、自分の性格そのものを知らなくても、生き方を変えることは可能だということがわかっていただければ、今は充分です。

Q 3. そもそも「性格」とは何なのですか

──ところで、性格とは何かをこのへんで定義していただくとありがたいのですが。

ええ、アドラー心理学では、性格とは言わないで、ライフスタイルと言うんですが、ライフスタイルの一般的な定義は、「自己と世界の現状と理想についての信念体系」なんです。

──信念というのは、理屈ぬきの「考え」ですね。別に、さしたる根拠がないけれども、そう考えているという……。

まんざら根拠がないこともない。ライフスタイルを構成しているもろもろの信念は、いわば、科学的な根拠はないけれども、体験には裏づけられています。

たとえば、子ども時代に、お母さんに叱られたときに、すねて見せればお母さんが優しくなった、という体験を持つ人は、一生、すねて見せる習性を持つだろうと思います。

また、ものすごい反撃をして殴るとお母さんがおとなしくなった、という体験を持つ人は、攻撃的になるだろうと思います。

このように、「かくかくの場合にはかくかくの行動をすればうまくいった」という過去の体験があって、それを教訓として後生大事に抱えているのが性格なんです。

――すると性格は、その人なりの問題解決のパターンというわけですか。

ある意味ではね。ライフスタイルの定義に別の言い方もありましてね。それは、「このような場合にはこのようにすればうまくいき、このようにすればうまくいかないだろうという信念」という定義です。

これだと、先ほどの例にぴったりくるでしょう。「誰かが私を傷つけた場合には、反撃して復讐すればうまくいく」という信念は、だから、ライフスタイルなんです。あるいは、「その人固有の認知と行動のパターン」という定義もできる。

――少し心理学してきましたね。

はは……どの定義も、本質的には同じことなんです。ただ言い方が違うだけで。そのことがわかりやすいように、ライフスタイルの働きについて絵を描いてみましょうか。

外界の出来事を見たり聞いたりしますね。それが、ただ見えたり聞こえたりしていて、まだ意味づけされていない段階を仮に「感受」と呼んでおきましょう。

つぎに、これに意味づけをして了解しますね。その段階を「認知」と言いましょう。たとえば、赤い丸いものに気がつくのが感受、「ああ、あれはリンゴだ」などと思うのが認知です。

　さて、この、感受と認知との間に、その人特有の癖がある。これが「認知パターン」、あるいはアドラー心理学のスラングを使うならば、「統覚バイアス」です。

　つぎに、認知をして意味づけした結果に基づいて行動を起こしますよね。ここで「行動」と言っているのは、筋肉の運動、すなわち「行為」だけではなくて、大脳の働き、すなわち「思考」、それに自律神経の働き、すなわち広い意味での「感情」も含みます。認知と行動との間にも、その人特有の癖があります。「あれはリンゴだ」と思っても、それを食べるとは限らないでしょう。認知と行動との対応関係を、仮に「行動バイアス」とでも呼びましょうかね。

　ライフスタイルというのは、統覚バイアスと行動バイアスの両方を含めた概念なんです。実際上は、統覚バイアスと行動バイアスとを区別することはできません。だから、ひと口にまとめて「認知行動パターン」だと言っているのです。

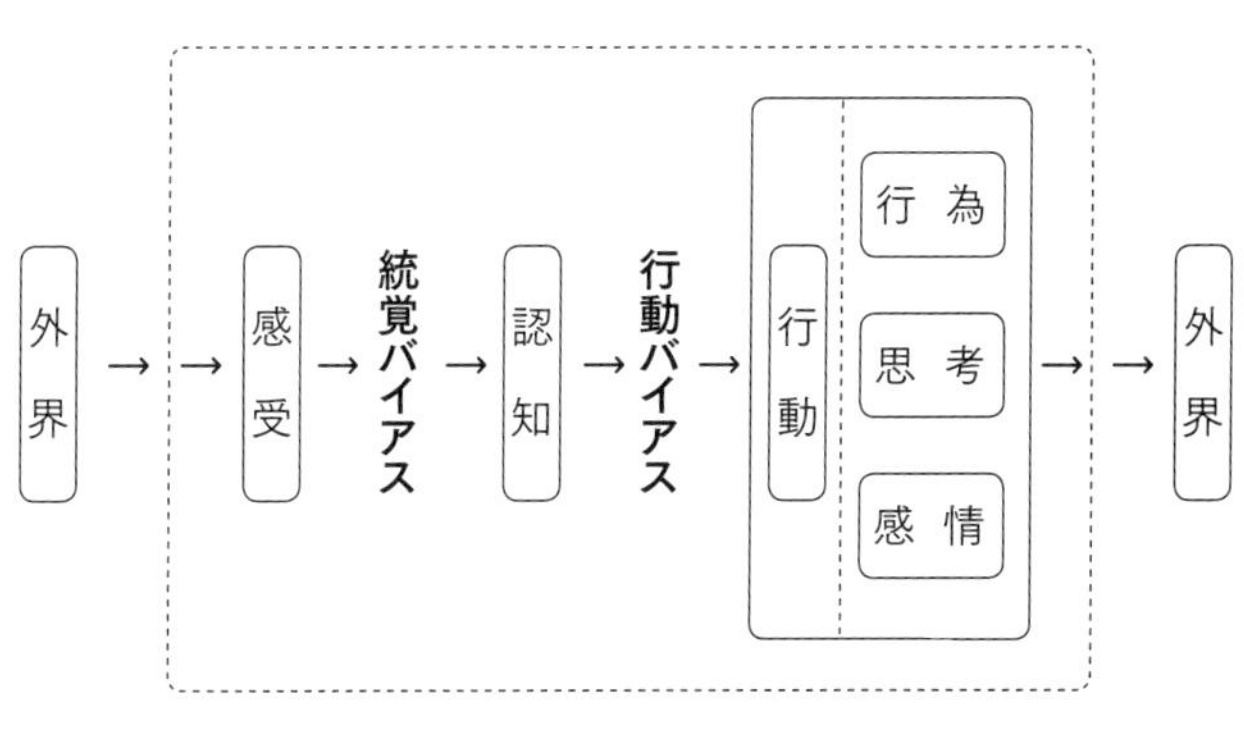

◆信念が物事の受けとめ方を決める

　さて、ある人の認知行動パターンを決めるものは何かというと、それは信念です。たとえば、「赤くて丸いものはリンゴだ。リンゴはおいしい。私はリンゴが好きだ」というような一連の信念が、赤くて丸いものを見たときの、その人の意味づけと行動とを決めていくでしょう。

ある人の信念の体系(システム)がわかれば、その人の認知行動パターンはわかる。信念体系と認知行動パターンとは、まったく同じことではないけれど、相互に翻訳可能なので、どちらをつかまえてもいいんです。

――なるほど。

こうして、ライフスタイル、すなわち性格とは信念だと言ってもいいんです。信念は、絶えず「考え」に侵入してきて影響を与えます。権威のある定石としてね。だから、考えにとらわれて、考えを信用している限り、信念を信用しているのであり、自分のライフスタイルの正しさを信用しているのであり、従って、性格は決して変わらない。

そうではなくて、しばらくの間でいいから「実際に起こっていることは何なのか」ということだけ見て暮らすと、性格が変わる可能性はとても大きくなる。

ただ、どのように変わるかと聞かれると、これだけの操作しかしなかった場合には、それはわからない。わからないけれども、それでも最低言えることは、その人の現在の状況に最も適しているように変わるだろうということです。それまで必死の努力をして、崖の途中にしがみついていたのを、手を離すわけだから、一番底までいくだろう。一番安定したところまで落ちていくだろう。これは「実際に起こっていることは何なのかを見つめる」という操作だけをしたときの話で、心理療法では、それ以外のこともいろいろしますから、落ちていく先もちゃんと指定できますけれどね。

——ところで、ライフスタイルっていう言葉なんですが、性格と言わないで、ライフスタイルと言うほうがいいんですか。

いや、性格で結構ですよ。

——というのも、ご存じのように、マーケティングの世界などでは、ライフスタイルっていう言葉が、まったく違う意味で使われていますので。

「メガネを変えるとライフスタイルが変わります」というあれですね。

今はライフスタイルっていう言葉を使っているけれど、本当はレーベンスシュティルっていうドイツ語なんです。そう言うほうがいいんだけれど、発音しにくいし、馴染みがなくてとっつきにくいでしょう。しようがないから、こんな言葉を使っている。きちんと定義さえしておけば、別にXでもαでも、何でもいいんですがね。

ここで、ライフ、ドイツ語ではレーベン、と言っているのは、「生命」「人生」「(日常の)生活」という三つのニュアンスを全部含めた言葉なんです。それから、スタイル、ドイツ語でシュティル、というのは、「型」だけれど、本来の語源は「文体」のことなんですよ。我々は、生まれ落ちた瞬間から、自分の自叙伝を、自分の行動でもって書いているんだ、というのがアドラーの基本的な考え方です。その書き方に、その人特有のスタイルがある。そういうスタイルなんですよ。だから、言葉はもちろん、眠り方、食事の仕方、果てはウンチの仕方に至るまで、全部を支配しているスタイル。

——わかりやすい日本語にすれば、性格というふうになる、と。

定義さえしておけば、それでかまわないでしょう。私が性格という言葉で言っているのは、アドラー心理学のいうライフスタイルのことなんだと、いつもはっきりわかっておいていただきさえすれば。

自己・自我と性格との関係とは

——理屈っぽくなりますが、自己とか自我と言われるものと、性格とは同じものなんですか。

自己とか自我というのは、きっちりと定義されていない用語なんですね。大哲学者や大心理学者がやった自己とか自我とかのさまざまな定義をずらっと並べて、それらのどこがどう同じかどう違うかについて書いた大きな本があるくらいです。*

＊北村晴朗『自我の心理』（誠信書房）

自己とか自我とかも曖昧な言葉だけれど、性格というのも、一般的には定義されていないと言っていいのではないかな。だから、自己や自我と性格とが同じか違うかといっても、両方が定義されていない言葉なんだから、比較のしようがないんです。アドラー心理学が、性格という言葉を嫌って、ライフスタイルという言葉を使う一つの理由がそれなんです。現代のアドラー心理学の大きな傾向なんですけれども、用語をきちんと定義してから使いたいんです。日常言語とのコンタミネーション（混同）が起こりやすいような言葉は、なるべく使いたくないんです。

ともあれここでは、性格はライフスタイルのことだということにしてありますから、性格のほうは明確に定義されている。では、自己って何だということになる。ここでは一応、決断の主体のことだと考えておいてください。

さて、これだけ我々のほうに引きつけて考えると、何とか話ができるようになる。すなわち、あなたの質問は、「決断の主体とライフスタイルとの関係はどうなっているんだろう」という意味になります。それでいいですか。

——少々厄介になってきましたが、まあ、そういったことです。

◆決断の主体が自己

まだそれほど厳密に話しているわけではありませんがね。

さて、我々が自己(セルフ)って言うときには、ライフスタイルとは違う何かのことを言っている。もっとも、アドラー自身はいい加減な言葉づかいをする人で、「ライフスタイルとはセルフである」というような、たわけたことをのたもうている論文もあるんですがね。今、彼が生き返って私の試験を受けたら、きっと落第させてやる(笑)。そういう曖昧な言葉づかいはやめて、ここでは、決断の主体のことを自己と言いたい。そうすると、その決断の参考資料になるものがライフスタイルです。

ライフスタイルっていうのは、辞書のようなものですね。自分が長いことかけて手づくりでつくった辞書……。人は、何か出来事があると、いちいちその辞書を見ます。そして、辞書に書いてあることに従って、出来事をどう解釈するか、出来事にどう対処するかを決断します。

――目が決断する主体で、辞書が性格ですね。

主体の側にはキャラクターというか傾向というか性格というか、そういうものはないと、一応考えておこう。こう考えたほうが便利だから。こんなもの、やや形而上学的な抽象的な議論にすぎませんからね。

さて、向こうから何か、我々のいうライフタスク*ね、すなわち人生の課題がやってくると、主体はさっそく辞書をぱーっとめくるわけ。それで、「あ、これだ、あっちから来たのは『女』だ。女というものはこうこうだ。じゃあそうしよう」と辞書

*ライフタスク
人間が人生で取り組まねばならない課題のことで、アドラーは人生には三つの課題、すなわち「仕事」「交友」「愛」のタスクがあると言っている。ライフスタイル×ライフタスク＝行動の図式が成り立つ。

を参考にして決断するわけね。だからこそ性格は変えられる。決断の主体は、辞書とは違う別のものだから。

――辞書に書いてあることに従わないこともできるわけだから。

「私」を「見ている私」と「見られている私」とに便宜的に分けて、「見ている私」が主体で、「見られている私」が性格だと考えることにするわけです。

主体には色がない。だから主体は、性格と関係なしに、それこそ主体的に行動することもできるけれど、普通はやらない。でも普通はやらないことをやってみると、辞書に書いてあることが嘘だとわかることがあるんですね。本当のことも書いてあるけれど、中に嘘も混じっている。心理療法では、なるべくその辞書の嘘がばれるような行動を助言して実行させるわけ。そしたら、辞書を書きかえようという気になるでしょう。もっとも、辞書を書きかえたら、今度は書きかえた辞書にまたべったりになって縛られてしまうんだけれどね。

――辞書なしだとどう決断していいかわからなくなるということですか。

そうね、お悟りを開くと辞書なしになるかもしれない(笑)。悟りを開くというのは、この辞書をともかくいったんは捨てることだろうなって、私は思っているのですよ。辞書はなくならないんだけれど、辞書にこだわらなくなる。辞書の奴隷ではなくなる。もっとも、我々俗人は、とてもそんな高いところは望まないので、せめて正しいことが書いてある辞書を持ちたい。最新のいい辞書をね。

――より便利のいいライフスタイルということですね。

辞書を書きかえても、やはり辞書に縛られるから、自由意志はあるようでないし、ないようである。性格を変えることすら決断できる自由意志があるんだけれども、性格を変えた途端に、今度は変えた性格に縛られる。何だか女房みたいですね。女房をとりかえる自由はあるんだけれど、とりかえた途端に新しい女房に縛られる（笑）。お悟りを開いて、女房なしで暮らせるようにならない限り、男に本当の自由はない。

――Ａｈａ！実感（笑）。

こういう自由意志があるようなないような、という立場を「やわらかい決定論」って言うんです。完全に自由意志があるとすると、性格はないわけですから、その人がどんな人であるのか、その人自身にもわからないし、まわりの人にもわからない。そうなってしまうと、性格診断ということがナンセンスになるわけ。

また、完全に決定論だと、今度は、治療はナンセンスになる。古典的なフロイト心理学は、ほとんど完全な決定論に立っているんだけれど、よくまああれで治療がやれるなと、いつも感心するんだけれどね（笑）。新しいフロイディアン（フロイト派の心理学者）たち、たとえば自我心理学なんかは、「葛藤自由自我領域」って言うのかな、自由意志のある主体としての自我を認めているようですけれどね。

◆自我という言葉はフロイトにあげよう

——自己は決断の主体だとして、自我のほうはどうですか。

自我（エゴ）という言葉はね、フロイト心理学の専門用語としてとっておいてあげたほうがいいと思う。フロイト*があれだけ、「自我」をきれいに定義しているんだから、もう「自我」という言葉は彼にさしあげよう。そのかわりに自己（セルフ）という言葉は、みんなの共同使用にしよう。アメリカの心理学者たちの多くはそう思っているのではないかな。

——ユングなんかは、自我と自己との両方を使い分けているようですけれど。

言葉なんて、定義さえしてくれれば、どう使ってもいいの。ともかく、アドレリアンは、自我っていうのはイドと超自我の仲裁役でくたくたの、あのかわいそうな自我だと思っていますし、自己っていうのは……断わっておかなければなりませんが、決断の主体のことではない。

——えっ、今確かそう言いましたよ。

ごめんごめん。自己とは決断の主体だと言ったのは、今たまたまここで、私が仮にそう定義して使っただけで、アドラー心理学一般の用語法ではないのです。アドラー心理学一般には、自己っていう言葉は、定義しないで置いておいて、必要があればそのつど適当な定義をくだして使おう、というところではないかな。

*フロイト（Sigmund Freud 1856–1939）
オーストリア生まれのユダヤ人。精神分析学を創始した。一時アドラーやユングと仕事をしていたが、学説の違いから訣別した。著作集・全集が人文書院、日本教文社、岩波書店から出版されている。

Q 4. 性格という「辞書」はどのようにつくられるのですか

――ところで性格はどうやってできてくるんですか。

性格の形成について考える前に、性格の固定について、まず考えてみたいんです。そうすると、いろんなことがわかっていただけると思う……。

どんな経過をたどってにせよ性格が形成されて、ある時点で性格の形成が止まるわけですね。アドラー心理学は、性格がほぼ完成するのがだいたい一〇歳ぐらいだろうと見当をつけているんです。フロイト派なんかよりもずっと性格形成の時期を遅くおいていまして、本格的にはじまるのが三歳ぐらいで、だいたいできあがるのが一〇歳ぐらいだろうと思っているんです。完全に固定してしまうのは思春期の終わりごろ、二〇歳をすぎてからではないかな。

一〇歳ぐらいで、一応は性格形成は止まるんだけれど、いったいなぜ止まるんだろうか、という議論がありましてね。不思議だと思いませんか。一生発達しつづけてもよさそうなのにね。

――そういえば、あまり発達しないようですね。なぜ発達が止まるんですか。

大脳生理学的にみて、そのころに脳の発達が止まるというのではないようですね。脳が発達をやめるのは、もっとあとになってからだと思います。ですから、性格の発達が止まるのは脳の問題ではないんです。そうではなくて、心理的な問題なんですね。

あなた自身が小学校の上級生か中学生くらいのころのことをちょっと思いだしてみてください。何となくそのころ、急に大人の世界が見えてきたような感じがしませんでしたか。それまでは、自分のことを子どもだと思っていたけれど、そのころになると、もう自分は子どもではないんだって思うようになるでしょう。もう何だって知っているんだぞって。

——確かにそんな時期がありましたね。

もう大人だぞと感じると、安心して、そこからもう動かなくなる。成長するのをやめるんですね。それまでは、「もっと大人にならなくては。もっと新しい問題解決の仕方を身につけなくては」と、絶えず自己変革を自分に迫っていたのが、一〇歳をすぎるころに、「どうやらこのあたりでひと休みしてもいいようだ」と感じるようになる。こうして性格の形成が終了する。ひと休みしてしまうと、また歩きだすのが億劫になるものです(笑)。「これでいけるんだから、当分はこれでいこう」ということになってしまう。この「当分」が、結果的には、一生続くことになってしまうわけです。

　性格が固定するというのは、実は、主体的な決断、「俺はもうこれ以上性格を変えないぞ」っていう決断のためだと思うんです。「もうこれでいいだろうから、これ以上成長するのはやめよう」っていう決断をするんですよね。それで性格の発達が止まるんだろうと思うんです。

——性格が固定するのは本人の決断だということですね。

　そうです。そこからあとは、絶えず同じ性格を保つ努力が行なわれることになる。性格が固定するのも本人の決断だし、性格が変化しないでいるのも本人の決断だと、我々は思うんです。

◆性格は思ったより変わりやすい

——性格の形成がだいたい三歳ごろにはじまって一〇歳ごろに終わるというのは、何か根拠があるんですか。

　観察に基づく結論です。アドラーはね、固定する年齢をだんだんと引き上げていったんです。古い文献を読んでいると、四、五歳にもう固定するなんて書いているんです。彼が死ぬころには、だいたい一〇歳という線を出したんです。

　その後、後継者たちがまた年齢を引き上げまして、今は、思春期が終わるころには完全に固定する、という言い方をする人が多いですね。観察事実の積み重ねから、思ったよりも性格っていうのは、年をとっても変わっていくんだなって思わざるをえないことがたくさんありましたから……。

アドラー心理学はね、フロイト心理学やユング心理学とは違って、実際の子どもを観察してつくられたんです。フロイト派の人が実際に子どもを観察しはじめるのは、スピッツ*ぐらいからでしょう。彼が仕事をしていたときには、もう古典的なフロイト理論があって、その目で子どもを見ていた。先に理論的な先入観があると、それが統覚バイアスになって、その理論を支持するようなデータばかりが集まります。だからフロイト派の性格形成論を、私は信じることができない。

アドラーは、今で言えば児童精神科医で、自分で子どもを治療しながら理論を組み立てていった。彼の活動の舞台は児童相談所で、彼の患者さんは問題児たちだったんです。それも、神経症の子どもよりも、非行とか学校不適応の子どもたちが多かったようですね。つまり、病気の子どもではなくて、正常な子どもたちです。普通の子どもたちをたくさん診ている。だから、生（なま）なんです。とにかく、フロイト的な先入観なしに子どもを観察すると、性格は案外大きくなってからでも自然に変わることがあることに気づく。

――確かに中学生のころはこうだったけど、高校に入ってから急に性格が変わった

＊スピッツ（Rene Spitz 1887–1974）
オーストリア生まれの精神科医。フロイトから精神分析学を学んだ。乳児の心理的発達についてかなり実証的な研究を残した。

とかいう例はたくさんありますね。

ええ、そういったケースをちゃんと性格検査すると、本当に変わっているんですよね。表面上の行動が変わっただけではなくて。

○歳から二、三歳までの性格形成は藪の中

——ところで、三歳から性格形成が本格的にスタートするということですが、○歳から二、三歳のころはどうなっているんですか。

もちろん、そのころからスタートしているんでしょうが、確かめようがないでしょう。

——フロイト派の対象関係論*では、このあたりの発達をいろいろ言いますね。

子どもに聞いてみても答えてくれないからね。赤ん坊に向かって、「君は、お母さんのことをわかっていなくて、『よい乳房』か『悪い乳房』かしかわかっていないんだって?」と聞いても、イエスともノーとも答えてくれないでしょう(笑)。

聞いて答えてくれないことについては、つまり観察不可能なことについては、「わからない」というのが、最も科学的な態度ではないかな。我々が子どもと話ができるのは、子どもに言語能力ができてから、つまり、三歳ぐらいからでしょう。その時点では、性格の原型とでもいうべきものが確かに存在していることは、観察でき

*対象関係論
乳児と母親との関係のあり方と人格形成を結びつける考察。メラニー・クラインの理論に多くの成果をみている。クラインは乳幼児がはじめて出会う外的対象として母親の乳房を考察し、乳房は乳幼児の本能的願望と無意識的幻想のすべてが託されたもので、乳房によってもたらされる口唇的フラストレーションは、生涯取り返しのつかないほどの破壊的影響を、その個人にもたらすとした。

る。当然、性格形成は、生まれた瞬間からはじまっているんだろうけれども、三歳ぐらいまでのプロセスは謎なんですよね。

――するとフロイト派の乳児発達論は。

嘘だとは言わないけれどね。ああいう見方も成り立つのかもしれない。でも、ペニスをハサミでちょん切るなんていうのは、たとえ話であるとしても、あまり上品なたとえとは言えないよ（笑）。

断わっておきますが、フロイト派を攻撃する気は毛頭ないんですよ。ご先祖さまの喧嘩を、今さら蒸し返してもしようがないからね。彼らと我々とでは、同じ人間を見ても、見る角度が違うから、違って見えてくるんです。どちらの見方も、統覚バイアスを通した主観的な意見であるにすぎず、客観的な事実ではない。だから、言い争いをしても不毛だ。私はそう思うんです。同じ川の流れを見ても、人はそれを清らかな水だと思い、魚はそれを棲みかだとか道路だとか思うでしょう。

それはともかく、三歳以前については、こと心の内側で起こることについては、何を言っても、本当か嘘か証明のしようがない。だから語らないでおこう。

◆ライフスタイルは言語的なもの

――心の内側のことはわからないとして、それでもやはり、そのころにも性格形成がなされつつあることは間違いないと。

少なくとも、条件反射は形成されますよね。それも性格の一部には違いない。でもね、今ここで性格と言っているもの、アドラー心理学がライフスタイルと言っているものは、言語的なものですよね。信念の体系だから。思考だから……。非言語的なもの、たとえば条件反射的なものも、確かにライフスタイルの一部ではあるけれども、我々の日常生活の行動を動かしているのは、条件反射的な部分よりも、心理学用語でいう認知的な部分、つまりは言語的な部分のほうがはるかに大きいと思うんです。だから、我々が問題にしているのは、性格の中の、認知的な、言語的な部分です。そうすると、それが本格的に形成されるのは、やはり、言語が使えるようになった三歳ぐらいからになると言わざるをえない。

三歳からの性格形成のメカニズムとは

――三歳までは条件反射が主で、認知的・言語的なライフスタイルはまだ形成されないということですね。では、三歳からはどんなメカニズムで性格が形成されていくんですか。

アドラー心理学は発達論にはあまり深入りしないんですよ。ことカウンセリングや心理療法のことを考える限りでは、発達についてあまり知る必要はない。

＊エリス（Albert Ellis 1913–2007）
アメリカの心理学者。はじめはフロイトの影響下にいたが、のちにアドラーの影響を受けて、彼独自の「論理情動療法」という治療技法を開発した。著書に、『論理療法』（川島書店）、『神経症者とつきあうには』（川島書店）、『人間性主義心理療法』（サイエンス社）などがある。

――それはまた、なぜ。

フロイト心理学が発達論に深入りしたのは、精神病理を、彼らのいう「固着」とか「退行」を介して、発達と結びつけて考えたからでしょう。

アドラー心理学は、精神病理を、発達の障害というよりは、現在のライフスタイルのゆがみだと考えるし、それはなるほど過去の発達史に由来しているかもしれないけれど、別に発達史を知らなくても修正できると考えている。だから治療論にとって発達論は必須科目ではないんです。極端なことを言えば、発達のことなんかまったく知らなくても、大人の治療であれば、充分にできる。

アドラー心理学で発達論が問題になるのは、育児のことを考えるときだけです。それと、一〇歳以下の子どもの治療をするときとね。この本は、育児がテーマではないから……。もっとも、オーソドックスなアドレリアンは、私よりは、もうちょっと過去のことにこだわるかもしれません。アルバート・エリス*なんかが、多少誤解もあるけれども、「アドレリアンは過去のことにこだわりすぎている。現在さえわかれば治療はできるんだ」なんて悪口を言っているほどだから**。

――野田さんは、過去のことを知らなくても治療ができるという考えなんですね。

ええ、大人の治療に関する限りは、エリスと同意見です。ただ、エリスは、育児のことを無視していると思う。

＊＊「アドラー心理学の主な欠点は、なお患者の過去にこだわりすぎていることです。過去がわかったからといって、（現在）患者が持っている不合理な信念をどうすることもできません。アドラー心理学は、いまだに、患者の子ども時代の家族の中での位置を、患者の問題の主要な原因だとして重要視しすぎています。……私（アルバート・エリス）は、アドレリアンの研究は、子ども時代の思い出だとか、兄弟姉妹の順位（と性格との関係）だとか、そういった、どちらかと言えば重要でない事柄に傾きすぎているという（ハワイのアドレリアン）レイモンド・コーシーニの意見に賛成ですね」
Nystul, M. S.: An Interview with Albert Ellis. Individual Psychology, 41(2), 243–254, 1985.

それはともあれ、大人の心理療法について言うならば、「私はこのような場合にはこのようにふるまう傾向があるのだ」ということをわかってもらえばいい。そのときに、子ども時代のこと、つまり、その性格がどのようにしてできてきたのかということを詮索する必要はないと思う。

――フロイト派の分析は、そこに深入りするわけでしょう。

そういうタイプの治療もありうるし、否定はしませんよ。古典的なフロイト流の精神分析だけではなくて、新しい心理療法の中にも、交流分析みたいに、現在の具合の悪い行動様式の発見から出発して、それを歴史的にずっとさかのぼって、結局は幼児期の親との対人関係の中で、彼らのいう「禁止令」だの「ドライバー」だのが植えつけられた出来事を思いだして、涙ながらに「お母さん、あなたが何と言おうと、私は泣きたいときには泣きます」なんてやる治療もありますしね。そういう治療が成り立つことは認めます。けれど、ああいう操作が必須かというと、必須ではないと思う。

◆見物人の前でセラピーをする

――そういう操作はまったくやらないんですか。

本当はね、ときどきはやります（笑）。特にグループ療法の中での個人心理療法のときなんかにね。グループ・セッションの合間に、希望者に個人セッションをするんですよ。参加者みんなの前でね。オープン・カウンセリングといって、アドレリアンは昔から、公衆の面前で心理療法をするのが好きなんです。むしろ、それが一番普通のやり方で、密室で一対一でカウンセリングや心理療法をするのは例外なんです。グループのときだけではなくて、普段でもそうなんです。だから私の個人セッションを受けると、必ず見物人がいますよ。私とは二人きりでは会えないんだ。

——またどうして、見物人をつけて個人セッションをやることになったんでしょうね。

アドラーがいた児童相談所は、お金がなくて、診察室と待合室との間にドアがつけられなかった(笑)。だから、待合室で順番を待っている人から心理療法の様子が見えたんです。ところが、これがすごくよかった。だって、だいたい同じような問題を抱えた人が来るわけだから、人の心理療法を後ろで聞いているだけで、身につまされてしまって、変わっていく。

一方、心理療法を受けている当人のほうにも利益がある。後ろで聞いている人たちが、みんなで支えてくれる感じがあるんですよね。みんなで自分の問題を考えてくれるっていうことは、大変な体験ですよ。

治療者にとっても利益があります。湿っぽくならないの。密室でやると、クライエントが泣きだしたりして、湿っぽくなりやすいんですよね。あれ、いやなんです。クライエントが泣くと、治療者がそっとティッシュ・ペーパーの箱をクライエントのそばに置いて、そのうち治療者ももらい泣きして、クライエントがティッシュ・ペーパーの箱を治療者のほうに押しやって、結局二人でティッシュ・ペーパーの山を築く、なんていうのは不潔ですよ(笑)。

まあ、オープンにするといいことずくめなんです。それで味をしめまして(笑)、代々オープン・カウンセリングをやっています。アドレリアンはね、だから、本質的にグループ・セラピストなの。

◆過去に深入りしないほうがいい

——ところで、なぜ、グループの中の個人セッションでは、過去にさかのぼる治療をなさるんですか。

そのほうが劇的で受けますから(笑)。「ああ、深い治療だ」なんて(笑)。お客さんはそういうのを求めているの。だから、需給関係。

それと、継続的に通ってこられる個人療法のお客さんとは違って、合宿ワークショップで会う人たちとは、もう二度と会えないかもしれないでしょう。たった一回の個人セッションで、とにかくある程度は片をつけないといけない。そういうときには、ドラマティックな方法のほうが、印象が強いから、効果がいいんです。

——そういうことをまったくしないでも治療はできると。

ええ、まったくなしにしたほうが、少し時間は長くかかるかもしれないけれど、あっさりと片づく。涙なしにね。でも、泣きたい人っているんだよね（笑）。私はそのように、特殊な場合しか、感情的に過去にさかのぼる治療はしないんです。アメリカのアドレリアンたちも、めったにしない。

ただ、ドイツのアドレリアンたちはね、心理療法という場合には、必ず過去にさかのぼるんです。感情を伴って、過去の体験を思いださせる。それが彼らの「心理療法」という言葉の定義なんです。「カウンセリング」は、過去にさかのぼらない、「心理療法」は過去にさかのぼる。そう彼らは区別しているんです。* 私はこの心理療法のドイツ式の定義には反対なんですがね。

——同じアドラー心理学でも、国によって違うんですか。

ずいぶん違いますよ。だいたいアドラー心理学っていうのはね、寛容というかルーズというか、「かくかくしかじかとアドラーは言った」って言いさえすれば、みんなアドラー心理学なんです（笑）。国によっても違うけれど、治療者個人ごとにもずいぶん違う。百人いれば百とおりのアドラー心理学がある。

——それでよく喧嘩になりませんね。

*「アドラー心理学の心理療法は、重症神経症の治療のために行なわれる。それは、過去の体験を、持続的な建設的な退行状態下に、感情を伴って回想し再体験することを、治療的な力として利用するものでなければならない」Schmidt, R.: Thesen zur Individualpsychologie. Individual Psychology News Letter, 33(2), 14–15, 1985.

いいえ、しょっちゅうやっていますよ（笑）。でも、我々には共同体感覚というものがあるから、破壊的な喧嘩にはならない。みんな注意して、建設的な論争になるように努力しているから。共同体感覚については、またあとで説明する機会をつくりましょう。

◆親が子どもの性格をつくるのではない

――ところで、話をもとに戻して、三歳以後の性格形成を説明してくださいよ。まだ覚えていましたか（笑）。えらく熱心ですね。興味のある人は、日本アドラー心理学会のホームページにそれに関する論文がありますから、読んでください。それにはアドラー心理学のオーソドックスな見解が書いてありますから。ここでは、あまり教科書的な話はしたくないんです。むしろ、アドラー心理学の中でも異端的な考え方を繰りひろげたいんですがね……。

まあ、駄々をこねるのはやめて、ごく簡単に説明しますとね、一つには子どもは試行錯誤でいろいろやってみて、「こうやればうまくいく、こうやればうまくいかない」というようにして信念を固めていくだろう。一つには、親や兄弟姉妹や教師の言うことから学ぶだろう。また一つには、親や兄弟姉妹や教師のすることを真似るだろう。常識的なことですよ。

ただ、一つだけ強調しておきたいことがある。それは、親が子どもの性格をつくるのではない、ということ。

子ども自身が自分の性格を選びとるのですね。

言ってよかった（笑）。アドレリアンにとってはあまりに常識なので、あやうく言わないでおくところでしたよ。人間は、自分の常識は世間の常識と思いやすいものでね。子どもの性格を決めるのは……。

――あれ、違うんですか。

正解！　たとえばね、暴力的な親がいたとしましょう。その親に育てられた子どもは、親を見習って、暴力的になるかもしれないし、親を反面教師にして、決して暴力をふるわない人になるかもしれない。子どもはいつでも選べるんです。だから、「こんな子どもに誰がした」と子どもが言えば、「それはおのれ自身じゃ」と言い返せる（笑）。

――わかった！　子ども自身の主体的決断。

――子ども自身が自分の性格を選びとる、と言ってもいいですか。

それは正確な言い方です。さまざまな可能性の中から、子どもが自分の生き方を自分の力で選びとっていく。

いや、大ありですよ。現代のアドラー心理学は、特にアメリカのアドラー心理学は、治療論よりもむしろ育児論や教育論のほうに熱心なんですから。

親や教師は、子どもに選択肢を与えるんです。たとえば、「高い学歴を身につけろ」と言って子どもを育てるとしますよね。子どもは、高い学歴を身につけるべく努力するかもしれないし、あるいは反抗して、勉強だけはしない子になるかもしれない。いずれを選択するにせよ、子どもは「学歴」という価値観を無視はできないでしょう。イエスを言うにせよ、ノーを言うにせよ、子どもの選択が学歴をめぐって行なわれることは確かです。

それに、問題が起こったときどのようにして解決するかは、親のやり方をそっくりそのまま真似ることが多いですし……。親の言うことではなくて、やることを見て、子どもは育つんです。こわいですね（笑）。このことは、あとで詳しくお話しする機会があると思います。

ともあれ、大切なことは、性格の形成も、固定も、維持も、変革も、すべてが主体的決断によっているということです。遺伝や環境は、性格形成に影響を与えるけれど、最終的な決定因子ではない。最終的な決定は、子ども自身がするんです。アドラーはいつもこう言います。「何が与えられているかが問題ではなくて、与えられたものをどう使うかが問題なのだ」と。*

――主体的決断によって性格がつくられた。だからこそ、主体的決断によって変えることができる。

主体的決断のみ、とは言いませんがね。形成にせよ、固定にせよ、維持にせよ、変革にせよ、内外からの影響は受けますからね。もしそうでなかったら、育児も教育も治療もない。それらは、外から性格に影響を与えようとする働きかけなんだから。そういった外からの働きかけの力を過小評価しているわけではないんですよ。変な育児や変な教育が変な性格をつくる可能性は、それは大きい。

でもね、どんなに変な性格に育ってしまっても、いつでも修正できる。そのことを強調したいんです。**過去は現在を縛らない。過去なんか関係ない。今ここで何を決断し実行するかだけが、我々の幸福への鍵なんです。**

*「重要なことは、何を持って生まれたかではなく、与えられたものをどう使いこなすかである」
Adler, A.: Der Aufbau der Neurose. Intl. Zeitschr. der Individual psychol., 10, 321-328, 1932.

Q 5. 性格はどうやって診断するのですか

——何度かライフスタイル診断という言葉が出ましたが、性格はどうやって診断するのですか。

しまった、また言いたくないテーマだ（笑）。それも今はあまりお話ししたくないんですよ。

——企業秘密というわけですか。

いいえ。アドラー心理学に秘密なんかありませんよ。そうではなくて、言いだすと、本一冊くらいおしゃべりしなければならなくなるんです。それに、この本の読者にとっては役に立たない知識なんですよ。

——と言いますと。

自己分析はできないって言ったでしょう。だから、ライフスタイル診断の方法を知っても、自分の性格を知るためには使えない。他人の性格を分析する必要は、カウンセラーや心理療法家（サイコセラピスト）でない限りないですし。

——家族とか職場の同僚とかの性格が分析できると便利だと思うんですが。

悪用できるからね……。それをしてもらいたくないんですよ。

だいたいね、他人の心の中を覗きこむっていうのは、とても失礼なことだと思いませんか。我々心理療法家やカウンセラーがそれをしていいのは、クライエントが、我々をプロとして信頼して、承諾してくれているから。ちょうど、外科医が人の身体を傷つけても許されるのと同じです。外科医だって、患者さんでもない、たとえば職場の同僚の身体に、突然メスを入れれば罰せられるでしょう。我々だって同じなんですよ。だから我々も、自分の家族や友人のライフスタイルを分析したりはしません。

――そのつもりはなくても、気がつくと分析していたということはありませんか。

私に関して言えば、しないように意識しているし、それに、無意識にできるようなことではありません。

我々心理療法家がクライエントのライフスタイルを分析しても安全なのは、我々とクライエントの間には、直接の利害関係がないからなんです。家族や友人とは直接の利害関係があるでしょう。その人たちのライフスタイルを知ってしまうと、それこそ無意識的に、その人たちを支配してしまうかもしれない。我々だって弱い不完全な人間です。私利私欲に凝り固まっている。相手のパターンを呑みこんでしまったら、どんないけないことをするかわかったものではない。そんな危ないことはしませんよ。

――そう言われると、ますます知りたくなってくる。

◆ライフスタイル診断は兄弟姉妹関係と幼少時の思い出から

アドラー心理学の本を読めば、どこにでも書いてありますがね。ごく大雑把に言うと、子ども時代の家族関係、特に兄弟姉妹との関係と、それから子ども時代の思い出を使って診断するんです。

――親との関係ではなくて、兄弟姉妹との関係なんですか。

そうです。変わっているでしょう。

――長男だったらどうとか、末っ子だったらどうとか、そういったことですか。

それもあるけれど、具体的に、子ども時代に兄弟姉妹との間にあったさまざまな関係を、一定の様式で調べるんです。そんなに面倒なことではありません。慣れると、一時間程度でできますがね。

――子ども時代の思い出っていうのは、外傷体験とか。

いいえ、そんなのではなくても、ありありと思いだせることならば、何でもいいんです。「家の外の土塀にヘチマがぶらさがっていたのを覚えている」とかね。これは私自身の思い出ですけれど。

——そんなのでいいんですか。

充分です。

——興味あるなあ……。この問題になった途端、野田さん、急に無口になってしまうんだから。

ああ、それはごめんなさい。あなたのライフスタイルも診断していないんでね、気がつかなかった(笑)。他のアドラー心理学の本を読めば、診断法は書いてあります。まったく秘密ではないんです。

もっとも、読んだからって、できないけれどね。また、ここでいくら詳しく説明しても、あなたにも読者にもできないんですよ。お稽古ごとだから、直接お師匠さんから習うしかないの。たくさんのケースに当たらないといけないし、それに、手取り足取りしないと伝えられないコツというのが、やっぱりあるんですよね。どうしてもライフスタイル診断の方法を身につけたい人は、我々のやっているアドラー心理学カウンセラー養成講座を受講してください。

——受講すると、できるようになりますか。

いいえ(笑)。受講した人に聞いてもらえばわかるけれど、四八時間くらいの勉強では到底身につかない。受講して、原理を呑みこんで、それからスーパーヴィジョン、つまり個人レッスンね、それを受けて、そうね、勘のいい人が本気で努力すれば、二年くらいすると、何とか診断できるようになるかな。

――ひえー。

そんなに難しいとも思わないんだけどね。できるようになった人はみんな簡単だって言うんです。でも、できない人は、どうしてもできない。コツコツやっていると、ある日ぱっとお悟りが開けるのね（笑）。「なんだ、こんなことだったのか」って。その「こんなこと」っていうのが、うまく言葉では言えないんだよ。そのお悟りの日が来るのに、まあ早くて二年くらいと思っておけばいいでしょう。

――では、やっぱりここで聞いてもしようがないですね。

失望しなくていいんですよ。ライフスタイル診断なんかできなくったって、幸福に暮らしていけるんだから。手術の仕方を知らなくても、幸福に暮らしていけるようにね。外科医になる人だけが手術のやり方を習えばいい。アドレリアン・カウンセラーになる人だけが、ライフスタイル分析のやり方を習えばいい。

性格を分類するとどうなりますか

――ところで、論理療法のエリスが、人を不幸にする誤った信念の分類をしているでしょう。アドラー心理学には、ああいったライフスタイルの分類があるんですか。

分類しません。アドラー心理学はね、類型化することを極端に嫌うんです。人間

＊エリスの10の「非論理的思考」
(1)自分が大切だと思うすべての人々から愛され、受容されなければならない。
(2)自分は有能で適性を有し、何か素晴らしい業績をあげて当然だ。
(3)人々が自分に不快・不正を加えた場合には、断固としてその人を非難・問責し、彼らを不正・不徳の堕落した人間とみなすべきだ。
(4)人がはなはだしく欲求不満に陥ったり、不正な扱いを受けたり、拒絶されたりすると、人は、必ずや、事態をおそろしい、悩ましい、悲劇的なものとして眺めるものだ。
(5)精神的な苦痛は、外部の強い影響から生ずるものであるから、自分の力では、感情を制御し望む方向に変えることはできない。
(6)もしあることが危険で恐怖

は一人一人まったく違っていると考えるから。エリスの分類というのは、彼の「論理療法」に載っている一〇種類の「非論理的思考（イラショナル・ビリーフ）」のことでしょう。*

――ええ、そうです。

あれは、エリスが分類を意図してつくったものかどうかわからないよ。ちょっと、彼の言う「非論理的思考」に共通している形式的な特徴が何か見てみましょうか。

一つは、「絶対に」とか「完全に」とか「すべての」とか、「常に」とかがくっついている信念はだめだということ。

もう一つは、「べき」とか「ねばならない」とか「当然」がくっついている信念はだめだということ。

――エリスもそう言っていますね。

そういう言い方でなら、我々も言うんですよ。私が昔書いた本に、どういう信念が誤った信念であるかを列挙したことがあるけれど、それはそういう形式的な特徴だけを述べているんです。** エリスは、そこにとどまらないで、常識と照らし合わせながら、そのような形式的な条件を満たす誤った信念のうちで、世の中でありふれたのを集めて列挙している。それが例の一〇個ですね。私は分類したくないものだから、方程式を書いて、そこで終わりにしているんですが、彼のほうはその解をず

を覚えさせるもののように見えたとき、我を忘れて不安に陥るのは当たり前だ。

(7)生きがいのある人生に向けて自己修練を積んでいくことは大変なことであるから、それより障害物はなるべく避け、責任ある仕事はできるだけ回避しているほうが安心でいられる。

(8)過去の経験こそ決定的に重要であり、しかも過去において人生に大きな影響を与えた出来事は、今に至ってもその人の感情や行動を決定するものである。

(9)何事も現在よりはよくなるべきだと先験的に信じる。もしも冷酷な現実に対して望ましい解決策が見出せなかったら、それはきわめておそろしいことだ。

(10)何もしなくてよい状態、あるいは義務に拘束されずに受動的に楽しむことこそ最上の

らっと並べて書いている。私は故意にエリスみたいにはしないんです。分類して類型化したくないから。

◆分類することの落とし穴

――なぜ分類しないで置いておくんですか。

　エリスのように分類するやり方も、なるほど一つのアプローチの方法ではありますが、我々はもう少し下世話にというか、その人の日常生活に即した話をしたい。もっと**この人**、「今、目の前にいる**この人**」の心理学をやりたいの。「人は一般に」と言わないで、「**この人は**」って言いたいわけ。

　もし、誤った信念の基本型なんていうものを出してしまうと、目の前にいる人を、そのうちのどのパターンかすぐ分類したくなるでしょう。そうすると、我々には、統覚バイアスが生じて、そのように見えてくるしね（笑）。そうして、目の前にいる「この人」を見のがしていくわけ。だからやりたくないんです。

――都合の悪い性格は分類しないとして、性格一般をどう分類するんですか。

　こだわってますね。しないの。分類しないんですよ。

――それもしないんですか。

　ライフスタイル類型学はないことはないんですがね。ひと昔前の本を読んでいた

幸福である。
エリス・A、ハーパー・R・A『論理療法』（国分康孝ほか訳、川島書店）
（引用は、かなづかい、句読点、および語尾を若干改変してある）。

＊＊誤った信念の特徴
(1)単純化……二分論理（全か無か）などを使って、問題の性質を過度に単純に割り切ってしまう。たとえば、「あの人は私を好きではない。好きではないということは、嫌いだということだ」というように。
(2)一般化……部分的な問題を全体的な問題だと思いこむ。たとえば、「あの人が私を嫌いなように、すべての人が私を嫌いだ」というように。
(3)誇張……問題を過度にオーバーにとらえる。たとえば、「あの人は完全に私を嫌っており、絶対に好きになっては

だければ書いてありますよ。でもね、それについては説明したくないんです。それは、他のところに書いたから繰り返すのがいやだというような、消極的な理由からではないんです。性格発達や性格診断を話題にしたときは、その知識は不必要だと思うからサボったんだけれど、ライフスタイルの類型については、その知識は有害だと思うから、説明を積極的に拒否したいの。

——有害なんですか。

だめな理由を言いましょうか。

我々の分類は、ライフスタイルの類型を分類するためではなくて、カウンセラーのトレーニングのためのものなんです。カウンセラー養成講座の生徒さんに、いきなりケースを与えて、「ライフスタイル診断をしてごらん」と言うと、多くの生徒さんは途方に暮れてしまうんです。まったく何もとっかかりがないと、手も足も出ない人が多いんです。だから、カウンセラー教育のために、一応ありふれたライフスタイルをパターン化して分類してあるんです。

けれど、あれは嘘なんです。究極的には分類なんかできないと私も思うし、世界中のちゃんとしたアドレリアンは思っている。それでも教育上の方便として、一応分類はしてあるんです。変な教育方針かもしれないけれど、はじめはかたちから入れと言っておいて、かたちを使いこなせるようになったら、一刻も早く捨てろって

くれない」というように。

(4)関係づけ……本来無関係なものを不当に関係づける。たとえば、「あの人が私のほうを見ないのは、私を嫌っているからだ」というように。

(5)見落とし……問題のある部分を見落としていて、不完全なデータで判断を下す。たとえば、「(いつもは親切な人が)私に冷たくしたので、私を嫌っている」というように。

野田俊作『家庭内暴力をなおす』(コンパニオン出版)

言うんです。赤ちゃんのための歩行器みたいなものだって言うとわかりやすいかな。ところがね、いつまでもこの歩行器から抜け出せない生徒さんが多いので、実は困っているんです。もう大人なのに歩行器をつけて歩いているのがいるんだよ(笑)。

◆人生目標あるいは自己理想

幸い、私自身がアドラー心理学を習ったときには、分類を習う前にライフスタイル診断をはじめていたんです。アメリカの教育システムでも、先に類型を教えて、あとから診断法を教えるんだけれど、向こうの手違いで、たまたま私だけ逆さまになってしまった(笑)。類型があるのを知ったのは、何か月かしてからでしたよ。

私はそれで診断できるようになったんだから、あんなのはなくても診断はできるようになると信じているんですがね、ついうっかりと、日本の教育システムをつくるときに、診断学の部分はアメリカのシステムをそっくりコピーしてしまったの。あれは大失敗だったと、今になって思うんですよ。ライフスタイル類型学は撲滅したいの。でも、中毒患者が多くてね、大反対されそう(笑)。性格類型学は、血液型や星占いをみればわかるように、中毒しやすいのね。

——血液型なんか、中毒患者ばかり。

「ああ、これ当たってる」って思うでしょう。あれ、よくないの。性格類型を読んで、「ああ、僕はこれだ」って言っていても、何も起こらない。我々の幸福につながらない。

——それはわかりますが。私も中毒患者ですから。

困ったな。では、分類ということではなくて、ありふれたライフスタイルにはこんなものがある、というかたちで紹介しましょうか。

ライフスタイルの諸要素のうちで、「人生目標」、あるいは「自己理想」ともいうんですが、これが人生のあり方に一番大きな影響力を持っているので、ありふれた人生目標をずらっと並べてみます。これらは決して分類ではないんですよ。誰だって、程度の差こそあれ、これらすべての要素は持っているんです。また、これらは、思いつくままに列挙しただけであり、これ以外にも、さまざまな人生目標がありえます。

◈**私は一番（トップ）でなければならない。**決して人に負けてはならない。そのために、絶えず努力していなければならない。決して休息してはならない。

◈**私は完璧でなければならない。**決して失敗してはいけない。そのために、いつでも自分をコントロールしていなければならない。感情のままに行動してはならない。感情をありのままに表現してはならない。

◈**私は被害者であることを訴えなければならない。**絶えず相手が悪人であることを証明しなければならない。私に加えられるいかなる不正も見のがしてはならない。

◈私は特別な人間であることを誇示しなければならない。決して平凡であってはならない。いつでも他人の言うことには常に反対しなければならない。私は知識をひけらかさなければならない。

◈私はほしいものはすべて手に入れなければならない。私がほしいものを与えてくれない人は罰せられなければならない。

◈私は保護されていなければならない。保護を失わないために、決して嫌われないようにしなければならない。すべての人から愛されていなければならない。

◈私は道徳的に正しい人間でなければならない。決して間違ったことをしてはならない。また、他人が間違ったことをしていれば、必ずとがめなければならない。

読者に警告しておくけれど、これを使って自己診断なんかしないでくださいね。それは必ず間違っているし、また、そういうふうに使うと、暗くなっても知りませんよ。

性格はどんな要素からできているのですか

――人生目標とか自己理想とかいう言葉が出ましたが、ライフスタイルを構成している要素には、他にどんなものがあるんですか。

要素というよりは局面ね。他の局面は、それほど重要ではないんです。でも、一応説明しておきましょう。

ライフスタイルを「自分と世界の現状と理想についての信念」と定義したでしょう。人生目標とは、自分についての理想や世界についての理想ですね。するとあと残っているのは、自分と世界の現状についての信念ということになります。名前なんかどうでもいいんですが、自分の現状についての信念、すなわち「私の現状はこうこうだ」という思いこみを、「自己概念」と呼んでいます。

また、自分以外のものいっさいを世界というとして、世界の現状についての信念、すなわち「この世の現状はこうこうだ」という思いこみを、「世界像」と呼んでいます。

――では、人生目標・自己概念・世界像の三つの要素からライフスタイルがつくられているわけですね。

そういうふうに誤解されるから、こういう話はいやなの。確かにオーソドックスなアドラー心理学では、あなたがいうように、「ライフスタイルは三つの要素からできている」などということを言うんです。でも、私はそういう考え方は嫌いなんです。

——というと。

ガラスのコップを一個想像してください。

コップには、円盤形の底と横の円筒形の壁とがあるでしょう。では、底と壁とからコップができているかと言うと、カタチの上ではそうなんだけれど、ハタラキの上ではそうではない。底と壁とに分割してしまうと、もはやコップのハタラキはしない。また、分割した底のハタラキと壁のハタラキとを足し合わせても、コップのハタラキにはならない。コップは、ハタラキの上では、一枚の分割できない曲面ガラスなんです。ライフスタイルも同じように、分割してはいけない一つのものなんです。

——分割すると理解できたような気になるんですね。

さらに言うならば、コップの底と壁とを区別したのは、我々の勝手なんです。底と壁とに分けないで、真ん中で縦に切って、カマボコ形を二つつくっても、別にかまわないでしょう。かまわないけれど、またもやコップのハタラキを失ってしまう。ライフスタイルを三つの面で区別するのは、コップの底と壁とを区別するのと同じで、我々の勝手なんです。たまたまそう分けただけなんです。別にそう分けなくてもいい。また、どう分けるにせよ、それは嘘だ。嘘とまでは言わなくても、理解しやすくするための方便だ。ライフスタイルは分割できないたった一個の全体しかないんだということは忘れてはいけない。

◆大切なのは「人生の流れ」

私たちが着目しているのは、人生の流れなんです。運動と言ってもいい。過去・現在・未来を貫く、運動の流れ。アドラーは、「ライフスタイルとは運動である。ただ、運動を研究するためには、いったんそれを固定しないといけない。そうしてライフスタイルを見るのだが、本当は運動なのだということを決して忘れてはならない」と警告してくれています。*

その意味では、「現状と理想についての信念体系としてのライフスタイル」という考え方は間違っている。少なくとも不充分だ。現状と理想という別のモノがあるのではなくて、一本のベクトルとしての人生の流れというコトがあるの。あるのは両端の点ではなくて、その間の線、流れ、運動なの。ただ、ライフスタイルを言葉にしようとすると、両端の点を言うしかない。初心者向きにはそれでもいいんですが、本当はそうではない。人生目標だの自己概念だのいう点なんか、どこにも存在しな

*「ライフスタイルを形として見るためには、いったんその運動を凍結する必要があるが、ライフスタイルは本当は運動なのだということをいつでも心にとめておかなければならない」
Adler, A.: Der Sinn des Lebens. Fischer, Frankfurt am Mein, 1973 (original 1933).
アドラー・A『生きる意味を求めて』(岸見一郎訳、アルテ)

いんです。

——でも、先ほど人生目標とか自己理想とかおっしゃったではありませんか。

あれはオーソドックスな見解を引用したまでで、私個人は人生目標なんていう考え方には反対なんです。川の流れには、方向があるが目的はないでしょう。川は海をめざして流れているのではない。海へ行こうとして流れているのではない。ただ、海のほうへ流れているだけだ。結果的に海へ着いてしまうけれど、それは川の水が望んだからではない。

目的と方向の違い、おわかりになりますか。目的は未来のどこかにあるけれど、方向は今ここにある。目的は常に幻想にすぎないけれど、方向は現実だ。目標っていうのは、方向の矢印を延ばしていった先に、仮に想定したものなんです。それは実在しない。それは診断者が勝手に想定したもので、クライエントの人生の中には実在しない。アドラー自身もそう考えていたふしがある。彼は人生目標のことを、いつでも、仮想的人生目標と言うんです。誰の仮想かについては彼は言ってないんだけれど、私は診断者の仮想だと思っています。

——さまざまなセミナーで「目標を持て」と判で押したような教訓が行なわれますが、あれはおかしいということですか。

そうね、ともかく人生目標なんていうのは、本当は嘘だと私は思っています。そういうモノを考えてしまうと、幸福になれないんだ。理想の自分というのを設定しておいて、その理想から現実の自分を引き算して採点すると、みじめになる。理想の自分なんか、どこにもいないんですよ。頭の中以外にはね。そういう奴のことは早く忘れることだ。

存在するのは、今ここにいるこの私だけなんです。私がこの私を好きになってやらなかったら、誰も私を好きになってはくれない。「いとしい私」って言える人だけが、「いとしいあなた」って人から言ってもらえるし、「いとしいあなた」って人に言う資格があるんです。まず、何が何でも、ありのままの自分を好きにならなくては。そこからすべてがはじまるんです。そのためには、自己理想とか人生目標とかいった考えは邪魔になる。

——抽象的な議論かと思って息を詰めて聞いていたら、いつの間にか実践と結びつく話になってしまいました。

科学の目的は人間を幸福にすることでしょう。我々を幸福に導く理論は正しいし、そうでない理論は誤っている。白いネコでも黒いネコでも、ネズミをとるネコはいいネコなんです。

Q 6. 無意識とはどんなものですか

——その人の無意識的な行動パターンになってしまっているものを、性格というか、ライフスタイルと考えたらいいのですか。

そうです。ライフスタイルは、大部分は無意識的ですね。ただ、無意識について、アドラー心理学は、古典的なフロイト心理学なんかとは考え方が相当違います。

意識も無意識も、実体だとは思わないことです。モノではなくてコトなんだ。だから、意識とか無意識とか言わないで、意識的とか無意識的とか言うことにしているんです。

——名詞ではなくて形容動詞として使うわけですね。

そう、それが第一の違い。

第二の違いは、意識と無意識とは対立構造をしていないと思うわけです。抑圧されたものが無意識になるとは思わない。全部意識していると不便だから、必要なごく少ない部分だけを意識していると考える。

真っ暗な舞台にスポットライトが当たっているところを想像してください。その当たっている部分が意識野なんですよね。そのスポットライトは動かせるから、今は無意識であることでも、原理的には意識化できる。もちろん、絶対に意識化できない、たとえて言えば、舞台の裏側なんていうのもあるにはある。たとえば、自律神経機能なんていうのは、意識できないでしょう。そういうものもあるけれども、こと認知的な部分に関しては、しようと思えば、たぶん全部意識できるわけです。ただ、不便だからやらない。また必要もない。ともあれ、我々の行動は、九九パーセントは無意識的に動いているんです。

——だから、我々は不合理なことばかりするんですね。

そうとも言えるし、そうでないとも言える。無意識的な思考なり行動なりがすべて不合理かというと、決してそうではない。少なくとも、無意識的なライフスタイル、つまり性格が形成された時点では、その内容は合理的だったんです。三歳であれ五歳であれ一〇歳であれ、そのときの対人関係の中では、その考え方や行動の仕方は合理的だったんだけれども、それが大人になったときに、現状に即さなくなってしまうことがある。

ところが、ライフスタイルは、法律と同じで、いったん制定されると、状況が変わってもなかなか改正されない。実状に合わなくなっても、何とか改正しないでやっていこうとする。国の法律もなかなか改正されないでしょう。それと同じでね、我々の性格も改正が難しい。脳の中もひどいお役所仕事のようですね（笑）。

心の中に対立はまったくないとみるのです

——すると、抑圧によって不都合なことが無意識化される、というふうには考えないんですか。

考えない。抑圧っていうのは、自我とイドが喧嘩をしているというフロイトのモデルから出てきた考えです。アドラー心理学は、心の中に対立はないと思うから、抑圧も考えない。

——心の中には対立はまったくないんですか。

まったくない。

——でも、理性と感情とか、欲望と道徳とかが、対立することってあるでしょう。

ない。理性も感情も、ただの道具だ。人生目標に向かう運動の手段としてつくりだされ、使われているだけ。

歩くときに、右脚と左脚とは逆の動きをするでしょう。右脚が前に出れば左脚は後ろへいく。あれは対立ではない。協調ですよね。歩くという目的のために一番いいように分業している。

意識と無意識、理性と感情、精神と身体、すべて同じことなんです。
一見逆向きのことをしているように見えることがあるかもしれないが、実は共同作業をしている。

——対立していると思ってましたね。

欲望と道徳の対立というのは、これはちょっと違っていますがね。
その前に言っておかなければならないと思うんですが、アドラー心理学は、あまり欲望とか欲求とか、そういうことを言わないんです。欲求の存在を否定しているわけではないんですがね、それを考えなくても心理学が組み立てられると思っている。

物理学が、力とかエネルギーとかがいったい本当は何であるのかを議論しないで、ただ力やエネルギーがどう流れていくかだけを考えるでしょう。同じように、確かに我々を動かしている根本的な動因は、結局は動物的な諸欲求、食欲とか性欲とか睡眠欲とかなんだろうけれども、実際の行動は、生（なま）の欲求から直接に出てくるものではない。

たとえば、昼食を食べに外出するとしましょうよ。食欲で食べるのかというとそうでもない。もし食欲で食べるんだったら、お腹のふくれるものであれば、何を食べたっていいはずだ。ところが、うどんにしようかカレーライスにしようか、なんて考えるでしょう。また、うどんに決めたとしても、あの店にしようかこの店にしようか、あの店のほうが雰囲気がいいからあの店にしよう、なんて決めるでしょう。雰囲気を食べるわけではないのにね。また、一人で食べてもつまらないから、誰か誘おう、なんて考えるかもしれない。どうせ誘うなら、美人のあの娘にしよう、なんて。

食欲で食べているんだか性欲で食べているんだか、いささか怪しい（笑）。

――イヌやネコは、どちらか一つに集中すると。

それは、イヌやネコに聞いてみないとわからないけれど（笑）。ともかく、人間の行動は、さまざまな欲求をライフスタイルによって組み合わせて実現するので、欲求に直結していない。だから、ライフスタイルがわかれば、欲求のことは知らなくてもいい。たとえて言えば、自動車がどこに向かってどのように走っていくかを知るためには、運転手の癖を知ればそれでいいようなものです。自動車を動かしているエネルギーが、ガソリンであっても電気であってもかまわない。

◆葛藤は個人と世界の間にある

――どの欲求に基づいて行動しているのかは、さしあたりどうでもいいと。

そうです。次に、道徳っていうのは、外の世界のルールでしょう。アドラー心理学は、内的な葛藤は認めないけれど、個人と他人とか社会とかとの間の対人的な葛藤は認めます。欲求と道徳との対立は、だから、内的な葛藤ではなくて、内側と外側との葛藤なんです。

——でも、道徳は内在化されて、良心というか、フロイト流に言えば超自我というか、心の内側のものになっているでしょう。

鋭いですね。それは「倫理観」って言うんです。ライフスタイルの一部分の、「これこれは善行であり、これこれは悪行である」という信念ね……。あなたが言おうとしているのは、不道徳な行動をしたいと思ったんだけれど、道徳に照らしてやめることにする、というような場合とか、あるいは不道徳な行動をついしてしまって、あとで良心がうずく、というようなことですか。

——そうです。

不道徳な行動を、いったんは思い立ったけれど、思いとどまってやめるのは、罰をおそれてのことではないでしょうかね。もしそうだとすれば、それは個人と世界との間の対立だ。だって、罰は外から来るんだから。これは内的な矛盾ではない。

次に、不道徳な行動を、不道徳と知っていながらしてしまって、あとで後悔するのは、「自分は悪人ではない。その証拠に、こんなに後悔している」と、自分と世界とにアピールするためだと思います。良心は言いわけに使われているんです。この場合には、悪行と良心とは分業しているのであって、矛盾しているのではない。

もし、本当に深く根づいた倫理観があるなら、それは自然に行動に表われて、不道徳な行為がそもそも起こらないはずだ。そのときには、何も矛盾は感じられないはずだ。こうして、人間の内側には、いかなる矛盾も対立もないんです。

——不思議な考え方ですね。

はじめはそう感じるでしょうね。まあ、話が進むうちに、だんだん慣れていくでしょう。

無意識は基本的には信頼できます

——無意識の話に戻りますが、そうすると、性格をチェンジするためには無意識的なものを意識化する必要なんかないということですか。

ないとまでは言わないが、しなくてもいい場合も多い。先ほど、無意識的なものは不合理なものかという話がありましたが、不合理な部分もあることはあるけれど、大部分は合理的だと思う。「合理的」とここで言っているのは、「論理的」という意味ではないけれどね。

無意識的なプロセスは、数学的な論理とは違った法則で動いているようです。連想とかそういったことね。でもそれは、生きていくためには合理的なんだ。無意識は意識よりも生物的な部分ですよね。つまり生命に近いんだ。私は医者だから、人間の中の生物的な部分は尊敬してしまうんです。本当にうまくできていると思う。つまり、無意識は、基本的には信頼できると思うんです。だから、普通は、口出ししないでまかせておいてもいい。

無意識は、フロイトの言うような、おぞましい、おどろおどろしい怪物ではない。

――怪物だからこそ、いろいろと不都合な症状が出るのではないんですか。

無意識は馬のようなものだと思うんです。自動車ではなくて馬なんです。とても賢い。意識が背中で居眠りをしても、ちゃんと歩いてくれる。道からそれたり崖から落ちたりしない。意識が居眠りをしていても、能率は悪くなるかもしれないけれど、それでもちゃんと歩いてくれる。放っておいても、自分の家のほうへ歩いていく。

あまり賢いものだから、我々はつい好奇心を持ってしまって、いったいどういうメカニズムになっているんだろうと知りたくなる。解剖したくなる。

――そうなんです。

でも、それはやめたほうがいい。馬を解剖しようとすると、二つのよくないことが起こります。

一つは、馬が暴れること(笑)。無意識を解剖しようとすると、強烈に痛い。

もう一つは、うまく解剖しおおせると、馬が死んでしまうこと。無意識を意識化すると、不自然になる。無意識とは我々の内なる自然です。我々の生物としての部分なんだから。だから、そっと置いておきたいんです。

――無意識を意識化することが治療のステップなんだと私など思いこんでいるふしがありますが……。

ただ、無意識についてまったく何も知らないのも、ときに困る。だから、二つのことだけは知っておいたほうがいい。

一つは、馬の鼻面はどちらに向いているか。無意識的な人生目標、人生の流れの方向ね。

もう一つは、その馬特有の癖ね。ときどき跳びはねるとかね（笑）。そういう癖を知っておかないと、落馬するでしょう。この、目標と癖というのが、我々のいうライフスタイルなんです。

ライフスタイルというのは、このように、心を丸ごとにとらえておいて、その運動の方向と癖とを言っているのであって、心の中身を言っているのではないんです。無意識は基本的には信頼できるのだから、大筋はまかせておけばいい。意識は、ときどきちょっと手伝うだけでいい。

神経症や精神病の無意識はどうなっているのですか

——健康に暮らせている場合はいいとして、神経症の場合などは、無意識的な部分に問題があるのではないですか。

無意識は、基本的には信頼できると言ったでしょう。だから、不登校でも非行でも、あるいは神経症や統合失調症でも、無意識がやっている限りは、きっと絶対の必要があってやっていることなんだと思う。事例を一つ思いだしました。

ケース　統合失調症の女性

ある統合失調症患者の話です。二六歳になる女性なんですが、統合失調症で精神病院に入退院を繰り返していた人です。退院してしばらくはいいんですが、数か月すると、包丁を振りまわして暴れたりするので、また入院させられてしまう。ずっとその繰り返しなんです。この人の場合は、家族全員を集めて治療しました。

——家族療法ですね。

そうです。両親と、三歳年下の妹がいます。両親も妹も健康です。アドラー心理学の家族療法では、毎回全員が来なければならないことはないので、主に本人と母親が来ましたが、ときどき父親や妹さんも来てくれました。

さて、母親の話では、患者さんは、退院してくると、しばらくはほとんど寝て暮らすのだそうです。そのうちに、ごそごそと起きてくるようになって、家の中でぶらぶらするようになる。寝ているうちは家族も諦めていて何も言わないんですが、起きて暮らすようになると、特に母親がいらいらしだすんです。そして、「家の中でぶらぶらしていないで、いい加減に仕事でも見つけて働いたらどう？」などと言いだすんです。

それでも患者さんはぶらぶらしているので、だんだん母親の言い方が強圧的になってきて、「あんたがそんなふうだと、妹の縁談にも差し支えるわ」などと、皮肉も言うようになる。そのころになると、父親も妹も、同じようなことを患者さんに言う。そのうち、ある日、彼女は包丁を持って暴れるんです。

――それを繰り返しているんですか。

そう。それでまた入院させられてしまって、やがて退院してきたら、また同じことの繰り返しなんです。

それで、私は母親に「彼女が家でぶらぶらしていると困りますか」と尋ねたんです。母親は、「元気なのに働かないでぶらぶらしているのを見ると、うっとうしくていらいらします」と言う。

「なぜぶらぶらしていてはいけないんですか」

「元気になったら働くべきですわ」
「ぶらぶらしていると、あなたに何か具体的な被害がありますか」
「うっとうしくていらいらします」
これは具体的な被害とは言えないと思うんです。ただ母親の好みに合わないだけのことではないか。

――自分の好みを押しつけている。

そう思いますね。この家族には、「人間は勤勉に働かなければならない」という共通の価値観があって、これが家族のライフスタイルになっているんですね。だから患者さんも「働け」と言われると反論できない。正論だから、どうしようもない。

ともあれ、私は母親に、「彼女がぶらぶらしていても、具体的な被害があるわけではないように思いますよ。それよりも、包丁を振りまわされたり、あるいは入院費用を支払ったりするほうが、よほど具体的な被害であるように思いますが」と言ったんです。母親は不服そうなんですね。

そこでさらに、「今までずっと働け、働けと言ってきて、この人が実際に働いたことがありますか」って聞いたんです。母親は「いいえ、ありません」。そうなんだよ(笑)。

「働けといくら言っても働かないし、さらにはやがて逆上して包丁を振りまわして入院してしまうんですね」

「そうです」

「そうだとすれば、今後とも、働けと言うとどうなると思いますか」（笑）。

母親は黙ってしまったんです。私は追い打ちをかけて、「働け、と言って包丁を振りまわされるほうを選びますか、それとも言わないで好きなようにさせておいて、いつまでも家でぶらぶらされるほうを選びますか」

――そういう選択になりますね。

とうとう母親は、「家にいてくれるほうがまだましですわね」と言って、彼女をいっさいプッシュしないほうを選んでくれました。それから、家族全員にそのことを確認して、様子をみました。すると何か月もぶらぶらしていたんだけれど、やがて外出するようになったのね。

◆無意識がすることは正しい

ところがね、そのうち、ある日突然荷物をまとめて、「私、入院する」と言って、自分から入院してしまったの。それまでの入院は三か月から半年もかかったんだけれど、そのときは一か月ほどで帰ってきた。

そこで、何があったのか聞くと、入院の数日前に、学校時代の友達と道で会って、

「どうしてるの?」か何か聞かれて、うまく答えられなかったらしいんです。それでいらいらしてしまった。

でもね、これは統合失調症の治療としては大成功だと思うんです。ともかく、自宅で生活できるようになったし、もっとすごいことには、具合が悪くなると、自分から入院してくれるようになった。症状も軽いし入院期間も短いし、退院してからの経過もいいし。

——相当、軽快してきたと。

さて、私が言いたいのは、この患者さんの無意識がやっていたこと、つまり、家でぶらぶら暮らすということは、その時点での彼女には、他にどうしようもない絶対的に正しいことだった、ということなんです。それを正しいことなのだとして周囲が受け入れたとき、彼女は彼女なりに最もいい状態になっていった。

——ああ、そうとらえるんですか。

家族が自分たちのいわゆる常識を捨てて、彼女の「あるがまま」を認めたときに、つまり、彼女の馬を皆で寄ってたかって棒で叩くのをやめたとき、彼女の馬はそれなりに立派に歩きだした。

考えてみれば、彼女が暴れたのも、その時点での彼女なりの唯一可能な選択だったんです。そうしないと入院できなかったんだ。そのまま暮らしていたら彼女はつぶされてしまったろうし、また、まともに頼んだのでは家族は入院させてくれなかったろう。病気になってみせるのが、自分を守るための唯一の方法だったんです。

——なぜ最後の入院のときはそうなってみせなかったんでしょうか。

なぜなんだろう。それもまた無意識のやったことなんだから、きっと正しいんだ（笑）。馬はちゃんと歩いているんだから、解剖しなくていいではないですか。

Q 7. 自己実現ってどういうことですか

——本当の自己（リアルセルフ）を取り戻すとか、自己実現とか、そういったことがよく言われているでしょう。野田さんは、本当の自己についてどう思われますか。

また、難しいことを（笑）。それに、それはよくない質問だ。アンスバッハーっていうアドレリアンのボスの一人がね、「アドレリアンは本当の自己なんていう言葉は使わんのだ」って書いていますよ。*

——それはそれとして、野田さんの考えが知りたい。

まずはっきりしておかなければならないことは、「嘘の自己」と「本当の自己」があって、頭の中で喧嘩しているわけではない、ということ。この私は一つしかない。私は分割できない全体なんです。

前に「自己」の話が出たときに、主体とライフスタイルとを分けて考えたけれど、あれは手と足とを分けて考えたようなもので、本当は手とか足とかが、ばらばらに独立してあるのではなくて、すべてが私という一つの統一体の部品なんです。本当の自己なんていう言い方が、もし私の中に本当の自己と嘘の自己とがいて、喧嘩を

＊「アドラー心理学の文献の中には、『本当の自己』『内的衝動』『内的葛藤』『処理しなければならない感情』というような用語を見出せない。なぜなら、それらの概念は、抽象概念を実体化したものであり、操作的に定義することが不可能なものだからである」Ansbacher, H.: Individual Psychology, in Arieti, S. ed.: American Handbook of Psychiatry, vol 1, Basic Books, New York, 1974.

しているような図式でとらえられていわれているのなら、それはナンセンスです。

――自我とイドとの葛藤のようなとらえ方はしない、ということですか。

心の中にはいっさいの対立はない。右手と左手とは喧嘩しない（笑）。アドラー心理学は、心の中に葛藤を認めないんです。だから、本当の自己と嘘の自己とが共存しているようなモデルは採用しない。

さて、あなたがおっしゃる本当の自己というのは、そうではなくて、今は嘘の自己なんだけれど、努力すると、だんだん本当の自己に変わっていく、という話なんですか。

――そんなところです。

まるで練金術だな（笑）。鉛はいつまで経っても鉛です。もし鉛が金になったように見えたとしたら、可能性は二つしかない。一つは金メッキ（笑）。これは鉛の上に金を被せただけなんだ。鉛はやっぱり鉛。鍍金（ときん）した自己は本当の自己ではない。付け焼刃は偽物です。だからこれはだめ。

もう一つの可能性は、鉛だと思っていたものが、実ははじめから金だったということ。これはさっきと逆さまで、金の上に鉛が鍍金されていたのが剝（は）げたの。

人間は本来は仏なんだけれど、煩悩の塵におおわれて、本来の仏性（ぶっしょう）が見えないってわけね。

――仏教ではそう言うでしょう。

それが仏教の考え方だと思っている人が多いと思うんだけれど、道元*なんかは「そんな考え方をしている奴は仏弟子ではない、外道だ」って、口をきわめて罵(ののし)っていますよ。**

――あれ、本当ですか。

ははあ、ここにも外道が一人いたか（笑）。私は仏教徒ではないし、これは仏教の本ではないし、仏教的であろうとなかろうと、どちらでもいいんですがね。

でも、道元が言うのは正論だと思います。つまり、心の奥のほうに実体として本当の自己なんていうものが隠されている、なんていう考え方は、バラモン教の「アートマン」説で、仏教の立場から見ると無我論―つまり真我（アートマン）は存在しないという根本前提に矛盾しますよね。確かに仏説ではなくて外道なんだ。

また、アドラー心理学の立場からすると、**私の中にもう一つの実体的な本当の自己を据えるのは、全体論―すなわち個人は分割できない全体であるという根本前提、に矛盾するんです。**「お前、そんなこと言っていながら、主体としての自己とか性格としてのライフスタイルとか言って、個人を分割したではないか」と言われるかもしれないけれど、それは違うんです。それらは実体ではなくて、個人の機能なんです。心の中にある実体ではないんです。

＊道元（1200–1257）鎌倉時代の禅僧。日本曹洞宗の開祖。はじめ比叡山で天台宗を学んだが、のち中国に渡って天童如浄について大悟した。帰国して京都で布教したのち、福井に永平寺を開いた。著作に『正法眼蔵』全百巻がある。

＊＊「仏性という言葉を聞いて、外道の真我（アートマン）のような（心の中に実在する）ものだと間違っている学者が多い」道元『正法眼蔵・仏性』

――心の中に何人かの小人がいるわけではない。

そう。カタチではなくてハタラキ、モノではなくてコトだから。本当の自己というものをもし考えるとしても、それは機能でなければならない。つまり、誤った機能と正しい機能の対立としてとらえないといけない。その機能を支える実体は、私という同じ機械なんです。心の奥底に本当の自己を探そうとするのは、故障した自動車の中から本当の自動車を探しだそうとするようなものです。だから、結論として、本当の自己なんていう言い方は、まぎらわしいから、よしたほうがいい。

自己実現とは何ですか

――すると、自己実現というのは何かという問題になると。

実現していない自己ってどんなのですか。もし実現していないなら、そのときには自己はないんですか。ないとしたら、食べたりしゃべったり歩いたりしているこの私は誰ですか。

――かなわないな（笑）。

自己実現っていうのは、たぶんマズロー*が言いだしたのではないかと思うんだけれど、言葉づかいが大袈裟なんだよ。大袈裟な学術語で虚仮おどしをするのは嫌いなんです。自己実現だとか、自我強化だとか、わけのわからないことを言わないほ

* マズロー（Abraham H. Maslow 1908–1970）アメリカ生まれのユダヤ人心理学者。人間主義心理学の提唱者。

うがいい。もっと易しい言葉を使ったほうがいい。だいたいね、文科系の人の言葉づかいは、大袈裟で臭いんだよ。よくまあ、恥ずかしげもなくあんな言葉が使えるな。ああいう言語感覚は、我々理科系の人間には辛抱できないんですよ。

——あ、そうだ、自我強化のことも聞こうと思っていたんですけどね、文科系を代表して（笑）。

しようがない人だな（笑）。それにしても、本当の自己よりは自己実現のほうが、言葉づかいとしてはましだな。マズローの言うところによれば、自己実現というのは、何か、我々の中にある潜在的な可能性を実現していくというような感じですから、*モノではなくてコトですからね。

——可能性はすでに自分の中にあって、それを発見し開発すれば、もっとハッピーになれる、というようなことでしょうね。ヒューマン・ポテンシャル・ムーブメントの考え方。

そういうと、またモノみたいなんだな。可能性っていうモノが、我々の中にあるように思ってしまうとまずい。本当の自己というのと同じことになってしまう。

そうではなくて、まだ実現していない自己っていうのは種子のようなもので、それが育って、木になり花をつける。そんな感じでしょうね。種子の中には木や花がモノとして隠れているわけではないでしょう。ただ、コトとしての可能性がある。

*「マズローは（自己実現について）大まかに、次のように定義している。『自己実現とは、才能・能力・可能性の使用と開発である。そのような（自己実現した）人々は、自分の資質を充分に発揮し、なしうる最大限のことをしているように思われる』」ゴーブル・F『マズローの心理学』（小口忠彦監訳、産業能率大学出版部）

――可能性があると聞くと、それを実現したくなるのが人間で……。

仏教の仏性論にもそういう考え方があるんですよ。ところが、道元は、これにも「俗人の考えだ」っていちゃもんをつけているんですよ。*

――私も俗人だから……。

「ただ生死すなわち涅槃とこころえて、生死として厭うべきもなく、涅槃として願うべきもなし」ですよ。

――参ったな（笑）。

そんな考え方をすると、種子は芽に、芽は木に、木は花に、花は実に、実は芽に、劣等感を抱きつづけなければならなくなってしまう。種子は種子として完成しており、芽は芽として完成しており、木は木として、花は花として、実は実として完成している。今ここにあるモノとコトを離れて完成はない。私はそう思います。道元もそう言っているのだと思う。

◆今の自分以外に実現すべき自己なんかない

理想と比較して現実を見ている限り劣等感があるでしょう。「いつか自己実現しよう」と思っている限り、自己実現しない。

自己実現ということについて、最も丁寧に説明してくれているのは、現代インド

*「ある人々は、仏性を、草木の種子のようなもので、真理の雨に潤されると、やがて芽をつけ、さらには実を結び種子をはらむ、そんな（潜在的な可能性というような）ものだと理解しているが、これも俗人の見解である」道元『正法眼蔵・仏性』

の聖者ラマナ・マハリシ*だと思うんですが、彼は、「今の自分以外に、実現すべき自己なんかない。ただ、『実現していない』という誤解をやめれば、それでいいのだ」というようなことを言っています。**

――私が念頭に置いていたのは、能力開発セミナーなんかで、自己実現という名のもとに、社会で能力を発揮できるようになるとか、創造性が高まるとか、人づきあいが上手になるとか、そういう効能で宣伝しているのがあるんですよね。そういうレベルのことを考えていたんですけれど。

マズローが聞いたら、さぞがっかりするだろうな（笑）。言葉はともかくとして、生産性向上のための研修会も否定はしませんよ。でも、私はそういうところでは仕事をしていないし、今後もする気はない。それだけのことです。

目標を持つこととセラピーとの関係は

――能力開発セミナーの話が出たついでに、よくそういうところでは「目標を持て」という話が出るんですが、アドラー心理学でいう人生目標は、そういったようなものと共通点はありますか。

そういう場合の「目標」というのは、我々が言う「人生目標」とはレベルが違うと思います。社員教育などで、「目標を持て」というのは理解できるんです。でも、

*ラマナ・マハリシ（Ramana Maharish 1879–1950）インドの聖者。講話録に『ラマナ・マハリシの教え』（めるくまーる社）などがある。

**「実現というのは、新しく獲得される何かではない。それはすでにそこにある。必要なことのすべては『私は実現していない』という想いを追い払うことである。……自己に至るということはない。自己がもし至られるべきものならば、それは今ここにはなく、やがて得られる何かを意味するだろう。新しく得られるものはまた、失われるものでもある。それは永遠のものではある。

我々が扱おうとしているのは、もっと無意識的な事柄です。その人が意識していようといまいと、その人の人生には必ず方向がある。その方向性のことを言っているんですよ。

仮に人為的に何か目標を設定したとしても、それで二四時間を律することはできない。仕事についてはできるかもしれないけれど、交友関係ではできない。さらに、夫婦や親子などの愛情関係になると、お芝居はほとんど不可能になってしまう。対人的な距離が近くなるほど、地が出てしまうんです。地が出るというのは、つまりライフスタイルがあらわになる。

——外では建て前で暮らせても、家へ帰ると本音が出てしまう。

だから、我々の言う人生目標は、つくるものではなくて、見つけだすものなんだ。自分が本当は向かっている方向、あるいは目標があって、それを意識していないから、さまざまな困ったことが起こってしまう。だから、人生目標は、つくるものではなくて、見つけだすものなんです。すでにあるんです。

——ある人が、こう言っていました。「六〇歳になったら定年になりますが、そのとき、友達が一〇人くらいいる状態になりたい。今は友達はいませんが」と。これは目標ですか。

それは結構なことなんですが、ライフスタイルが持っている無意識的な目標とど

ない。永遠でないものに努力する価値はない。それゆえに、自己は至るものではないと言うのである。あなたは、すでにそれである」
ラマナ・マハリシ『ラマナ・マハリシの教え』（山尾三省訳、めるくまーる社）

れだけ一致するかが問題なんです。ちょっと似たケースをお話ししましょうか。

ケース　**金儲けの下手な商売人**

ある小さなお店をやっている男性なんだけれど、どうしても儲からないの。それで、性格的な問題があるのではないかということで、相談にみえたんですよ。それまでに、さまざまな能力開発セミナーなんかにも参加して、「何年間でいくらいくらの預金をつくろう」だの「何年間で事業の規模をこれこれまで大きくしよう」だのと、元気のいい目標設定をなさったんだけれど、実際にはまったく実現しないと言うんです。

——私も似たケースを知っています。

この人はクリスチャンなんです。子ども時代から若いころにかけては、ずいぶん熱心な信者さんだったようです。それを聞いて、私が、「あなた、ひょっとして、お金を儲けることは汚いことだと思っていませんか」と聞くと、しばらく絶句してから、「そうです」って言うの。「言われるまで気がつかなかったけれど、心のどこかで、ずっとそう思っていました」って。

「お金を儲けるとか貯めるとかいうのは汚いことだ」っていう信念が、子ども時代に形成されて、そのまま染みついているのね。その信念は、無意識的になってしまっていたけれど、彼の人生をしっかりと縛っていた。だから、少しお金がたまってくると、本当に無意識的に、損をするような投資をしてしまうわけ。その投資は、何となく慈善的なんです。ちょっと困っている取り引き先につぎこんでしまうとかね。こうして、やっと貯えたお金があっと言う間になくなってしまう。

――損をすることで自己満足があるんでしょうか。

無意識的な自己満足ね。そこで、「お金を儲けることは、それだけで社会に貢献することだ」という話をしたんです。「犯罪でない限り、普通の商売をしてお金を儲けるということは、それだけで人々のために貢献していることになるんですよ」と、そういう話をしたんです。それで一件落着。

――それだけで、うまくいったんですか。

これは簡単なことなんです。「慈善的であろう」とか「社会に奉仕しよう」というのがこの人の根本的な人生目標です。「お金を儲ける」ということがその目標と矛盾していたのね。

そこで、目標は変えないで、その手段として「お金を儲ける」ということを位置づけたんです。目標を変えないで、目標を追求するための手段を変えるだけの治療は、とても簡単なんです。ライフスタイルを変えるという場合、人生目標そのものを変える治療と、人生目標は変えないで、そこに至る手段というか道筋を変える治療とがあります。普通は手段だけを変えて目標そのものは触らないんです。

——なぜ目標には手を触れないんですか。

普通はそれだけで充分なんです。ライフスタイルを触るのは、できるだけちょっとにしたい。他人さまの心の中を触らせていただくだけでも申しわけないんだから、遠慮しながらほんのちょっと触るだけにする（笑）。外科医が手術をするのと同じです。できるだけ傷が小さいように、必要最小限の手術をする。

◆自分の人生目標を知るには

——どうしたら、無意識になっている自分の人生目標を知ることができるんでしょうか。何かいい方法がありますか。たとえば夢を分析するとか。

自分で自分の人生目標を知ることは、まず不可能だと言っていい。残念でした。

——なぜできないんですか。それを知ると、生き方に自信が持てるようになると思うんですが……。

困ったな。そうね、たとえば、「子どものころ、大きくなったら何になろうと思っていたか」を思いだすと、その答えの中に人生目標が暗示されている。

——それはたとえばどういうことですか。

私は、子どものころ、ロケット技師になろうと思っていました。宇宙飛行士ではなくて、宇宙飛行士を乗せるロケットをつくって飛ばす人ね。これは今の生き方と深く関係がある。今も、人々を不幸から幸福に向かって舞いあがらせる仕事をしている。

――シンボリックな歪曲を受けているかもしれないけれど、原型はある、ということですね。

第2章 共同体感覚を育てる

Adler

Q 8. 個人と集団はどんな関係にありますか

――個人の性格のことはだいたい話していただいたように思いますので、少しずつ、個人と社会との関わりのほうへ話を持っていきたいと思います。まず、ルールについてうかがいたいのですが。家族療法などで、家族の暗黙のルールということを言うでしょう。そのあたりのことをお話ししていただけますか。

アドラー心理学は、ルールをとても気にする心理学なんです。アメリカのロジャース派の人は、アドラー心理学のことを「悪ガキ心理学」だって言うんです。アルフレッド・アドラーは、ウィーンの下町のガキ大将だったんです。だから、アドレリアンの考え方は、基本的に悪ガキ哲学だ、とロジェリアン(ロジャース派の心理学者)たちは言う。つまり、「仲間に入れてもらいたかったら、これだけのルールを守れ。いやだったら、追い出されても文句は言うな」っていうふうにね(笑)。そういうのがアドラー心理学だと。これは、ある程度当たっていると思うの。

もっとも、アドラー派のほうはね、ロジャース心理学を「トウモロコシ心理学」だって言う。カール・ロジャースという人はね、シカゴ郊外のトウモロコシ農家の息子なんだそうです。だから、ロジェリアンは、人間は日に当てて水をやっておけば育つと思っている(笑)。これもたぶん当たっていると思うんですよね。

お断わりしておきますが、これはアドレリアンとロジェリアンが喧嘩をしているのではないんですよ。アメリカのアドレリアンとロジェリアンはとても仲がいいんです。だから、小犬のじゃれあいみたいなものですね……。

さて、このように、アドラー心理学は、社会のルールということをとても大切にする心理学なんです。

——ルールというと、法律や道徳のことですか。

法律や規則のように成文化されたルールも、道徳や慣習や、あるいは家風といったような成文化されていないルールも、あるいはもっと無意識的なものも、すべて含めて考えています。

——うかがいたいのは、法律のように、誰の目にも明らかなルールではなくて、無意識的なもので、しかも我々の人間関係や行動を支配しているようなものなんですが。

無意識至上主義に陥ってはいけない。別に意識的なものと無意識的なものとを区別する必要なんかないのではないですか。意識と無意識との間には、分業はあっても対立はないんだから……。建て前と本音とは、決して矛盾しないんです。両者が協力して一つの仕事をしている。

アドラー心理学が扱おうとしているのは、個人についても集団についても、隠された無意識的なものだけではなくて、運動の法則の全体なんです。アドラー心理学は、いわゆる「深層心理学」ではなくて、「文脈心理学」だと私は思っているんです。つまり、表層の裏側に隠された無意識的な深層を探ろうとしているのではなくて、我々個人なり、我々の社会なりの、運動の文脈を知ろうとしているんです。そのために必要な限りにおいて、無意識的なものをも取り扱うんです。無意識的なるがゆえに尊いとは思わない。

——ライフスタイルを扱う姿勢と同じなんですね。

そう。個人の内的ルールがライフスタイルであり、集団のライフスタイルがルールであると、我々は考えているんです。個人の心理学は、そのままのかたちで、家族や組織や、さらには国家のような、人間集団に拡張できる。ですから、法律や道徳も、我々個人や我々の社会の運動を縛っている限り、アドラー心理学の視野の範囲内にある。

そういうわけで、ここでは、国の法律や組織や学校の成文化された規則についてお話しさせてください。無意識的なルールについては、あとでまたお話しします。

◆ルールを百倍楽しむ方法

──法律とか道徳といったルールを持ち出すと、何となく窮屈なような縛られているような感じがして、心理療法がめざしている、人間の解放とは逆さまのことのように思ってしまうんですが。

それはね、ルールを百倍楽しむ方法を知らないから（笑）。この人生は、基本的にはゲームの一種だと、私は思うんです。サッカーや将棋のような、遊びとしてのゲームね。

さて、**ゲームを楽しくする三つのコツ**っていうのがありましてね。

第一番目は、ルールを守ること。ルールを守らないと白けますからね。将棋の飛車が突然、桂馬飛びをしたりするとよくない。敵も味方も両方ともがいやになってくる。違反をしたほうもされたほうも、楽しくなくなるでしょう。

第二番目のコツは、真剣にゲームをすることです。誰かが手抜きをしていると、みんなが面白くなくなる。そして、

第三番目は、深刻にならないこと。

──真剣と深刻との違いは何なのですか。

将棋に負けたからって首を吊って死んだら馬鹿でしょう。同じように、失恋したからって首を吊って死ぬのは馬鹿げているし、破産したからって首を吊るのも馬鹿

げている。真剣に生きなければならないが、深刻になってはいけない。ゲームの結果に感情的に反応しなくてもいいんです。

――そう考えると不幸の崖っぷちから這いあがれますね。

人生はすべてただのゲームなんだから。我々の仕事は、楽しむことだけなんですよ。

――ちょっと待ってください。何だか混乱してきたな。野田さんの話は、ひどく西洋的なニュアンスで話しているなと思っていると、突然、老荘思想みたいな東洋的な方向に飛ぶ印象がありますね。

いまや東洋も西洋もないんですよ。それに、日本という国は、世界で一番見晴らしのよい場所なんです。ここではアメリカ・ヨーロッパ各国の文献も、インドや中国の文献も、簡単に手に入る。しかも、いい翻訳で手に入るし、必要があれば原典も簡単に入手できる。その上、我々は英語だけでなくて、漢文の教育だって一応は受けている。精神のことを考えるのに、ここほど恵まれた場所はありませんよ。西洋だからどう、東洋だからどうではなくて、よいものはよいのです。

ともあれルールは、我々が幸福に集団生活をするためにあるんです。ルールのために不幸になったのでは何にもならない。マルクス的な言い方をすれば、人間のつくったルールに人間が疎外されてはいけない。ルールは我々の道具なのであって、

我々がルールの道具なのではない。そういうふうに考えた上で、ルールというものを、人間の集団生活のために有用な手段としてとらえなおすわけです。ルールというものであり、あなたも幸福であるためには、どうしてもルールというものが必要になる。私も幸福で本当は、みんなに共同体感覚が生まれてくれれば、しだいに成文化した強制的なルールは不要になっていくと思うんだけれど、我々人類の現在の発達段階では、どうしてもルールがなかったら暮らしていけない。ライフスタイルの発達が一〇歳で止まるということは、我々は全員一〇歳の子どもだということなんですから。

――人類が大人になれば、ルールは必要がなくなるということですか。

どうなんでしょうね。経験がないからわからない(笑)。ともあれ、現在はルールが必要だと思う。必要悪かもしれないけれど。

なぜルールが必要なのですか

――愚問かもしれないけれど、なぜルールが必要なんでしょうね。

法律のような成文化されたルールを考えるためには、人間の権利と責任とについてまず考えておかなければならない。

ところで、「法」も「正義」も「権利」も、ヨーロッパ諸国語では同じ言葉で言うのをご存じですか。たとえばドイツ語だとすべて「レヒト」だし、フランス語だと

「ドロワ」と言うんです。だから、法学者たちは、法がなければ正義も権利もないと言う。* それらは、本質的には、同じものだと考えられているんですよ。私も、法がなければ正義もないし権利もないと思う。可能性としてはあっても、実現しない。また、法以外に正義や権利があってはならない。法でない正義や権利は喧嘩やリンチの元……。ところで、あなたは、我々に他人を殺す権利があると思いますか。

――それは、ないでしょう。

どういう根拠で。

――とりあえず法律で禁じられているし、良心も許さないでしょう。

では、法律ができる前にはあったのか。あるいは、戦争のときにはどうなのか。あるいは死刑執行人にはその権利があるのか。

――権利なんかないですよ。誰がそんなものを与えてくれるんですか。

私はね、基本的には、我々には人を殺す権利もあるのだと思う。ただ、こんな権利を認めると、全員の生存の権利が制限されてしまうでしょう。みんながびくびくして暮らさなければならなくなる。だから、殺人の権利をはじめ、いくつかの権利については、放棄することにしたほうが、全員にとって便利だ。そういうわけで、形式的には、殺人の権利や盗みの権利は放棄して、国家にあずけてある。こうしてはじめて、我々は、我々の諸権利を充分に行使することができるようになる。

*「ドイツ語のレヒトであるとか、あるいはフランス語のドロワ、ラテン語のユスという言葉はすべて正しいということを意味すると同時に、また法ということを意味し、さらにまた同時に権利ということを意味しているのでありまして、これだけでも権利というものがいかに法の中心を占めるかということがおわかりかと思います。もちろん、ある一部の人は、こういうことを主張します。権利の中には自然の権利とか天賦人権とかいわれるものがある。これは人間が生まれながらにしてもつ権利として、法に先立って存在する権利という意味ではないかというわけです。……しかし、これを法律的にみますと、たとえ自然権といわれるものであり、また天賦人権といわれるものでも、決して法を離れて認められるものでは

法が存在する以前の権利というのは、ただの可能性であって、実現できるかどうかわからないんです。ところが、法ができると、権利が最大限に実現される。もっとも、そのためには、ある種の権利は断念しなければならない。断念した権利は国家にあずけるわけですから、国家には、殺人の権利や盗みの権利が一応はあるわけです。たとえば、死刑は国家の殺人権の行使だろうし、差し押さえは国家の強盗の権利の行使なんでしょうね。法学者のハンス・ケルゼンが、「個人の力の乱用を防ぐために、国家が力を使用する」というようなことを言うのは、このあたりのことです。*

◆守られないルールはルールのほうが悪い

――国家権力は認めるわけですね。

国家も、そういった権利は、もし持たないでおけるならば、持たないほうがいいのではないかと、素朴に思うんですがね。ケルゼンは、法が強制力を持たないでいることは不可能だと言っていますし、** 私もまた、不可能だろうなと思います。

もっとも、彼は、歴史的にそんな社会が存在しなかったことと、人間の生まれつきの攻撃性とをその根拠にあげていますが、それには私は全面的には同意しませんがね。

ないのでありまして、権利といえば結局は法が認めるものであり、いささか法的に表現すれば、権利とは、法がその存在を認めた人間の意志の活動領域であるといわなければならないと思います」
伊藤正己『近代法の常識』(有信堂全書)

*「力の使用を防ぐために、力が使用されるのである。……法は、平和を増進するための秩序づけとして、共同体成員間の力の使用を禁ずる。……法は、一定の条件下で特定個人にのみ力の使用の権能を与え、他の一切の状況下では当然禁止されるはずの行為を許すのである。……それゆえ、法は、力の使用を共同体の独占とするといえよう。まさしくこの仕方で、法は共同体をもたらすのである」
ケルゼン・H「社会技術とし

つまり、今までそういう社会が存在できなかったのは、人間が子どもだったからだと思う。攻撃性だって、生まれながらのものだとは思わない。それは、今の育児や教育のシステムがつくった後天的なものだと思う。だから、一人一人が成長すれば、いつの日にかは、あるいはそういう状態が存在できるようになるかもしれない。しかし、さしあたっては、個人の権利の一部は国家にあずけて、国家に権力をある程度集中させるしかない。

――社会契約説ですね。

そうです。でも、もちろん、実際にそういう契約をした事実があるわけではないんです。でも、原理的にはそう考えておく。我々自身の権利を最大限に実現するためには法が必要であり、法は国民の権利を最大限に保証するためにのみ存在する。

――そう考えるわけですか。

市民革命以後の国法は、それ以前にくらべればずいぶんよくなってきていると思うけれど、国民の権利を最大限に擁護するために国民の権利の一部を制限する、という発想がまだ充分には徹底していない。国法はまだましなんだけれど、学校の校則なんていうのはひどいですね。「ベルトの幅は二センチ以内でないといけない」とかね(笑)。全生徒の権利を最大限に保証することとベルトの幅とがどう関係があるのか、理解に苦しみますね。あれは民主主義法ではなくて、ファシズム法です。あ

ての法」『ケルゼン選集三　正義とは何か』(森田寛二訳、木鐸社)(引用は、かなづかい、句読点を一部変更してある)。

**「この社会技術としての(強制力を伴った)法は、不可避なものであろうか。……おそらく、法という特殊な技術に代えて、直接的動機づけや自発的服従を利用する社会秩序も可能なのではないか。……(ところが)歴史の示すところによれば、大きな共同体で、強制秩序以外の秩序によって形成された社会はない。……しかしながら、人類は、この歴史的事実に満足せず、人間による人間への力の行使を必要としない社会状態を希求しつづけてきた。……(このような、強制力を伴った法のない)『自然への回帰』を可能とする幻想を抱かせるのは、人

んなルールは守られなくて当然ですし、子どもたちがあんなルールを守らないことは、とても頼もしいことだと思います。

——なかなか過激ですね。

誰が書いていたのか忘れたんだけれど、過激思想とは「民主主義国家に民主主義を、学校に教育を、病院に医療を、家庭に愛を、少年に希望を」と本気で主張することなんですって(笑)。そういう意味では、私は強烈な過激思想家だな。「ベルトの幅は二センチ以内」というようなファシズム法は、守られないほうがいい。もし子どもたちがそれを守るとしたら、その動機は恐怖心です。人間は、恐怖心から行動している限り臆病だし、臆病である限り本当には幸福になれない。

——でも、遵法精神が教育上必要だっていう議論は当然あるでしょう。

遵法精神は必要だが、奴隷根性は必要ではない。法の必要性を理解した上で、法を守ろうと主体的に決断するのであれば、それはまことに結構です。けれど、罰をおそれて法を守るのは、守らないよりはましにしても、あまりよい状態ではない。

——実際には、罰をおそれてルールを守っているわけでしょう。内心では「警察がなければ殺してやる」とか。

そういうルールは、結局は守られない。

そもそも、あるルールがあまり守られないとしたら、守らない人が悪いのではな

間の本性が善であるという信仰である。この幻想は、人間に生得な攻撃への衝動を無視している。また、一者の幸福がしばしば他者の幸福と両立しがたい事実を無視している」ケルゼン・H「社会技術としての法」『ケルゼン選集三 正義とは何か』(森田寛二訳、木鐸社)

(引用は、かなづかい、句読点を一部変更してある)。

くて、そのルールが悪いんだ。これは、我々の心理療法の原則なんです。クライエントが我々の解釈や助言に抵抗したら、それは我々のほうが間違っているんだ。だから、治療者のほうが反省して、別の解釈や助言を探さないといけない。ルールだって同じことです。守られないルールは、実状に合わないんだから、改正しないといけない。

なぜルールはあまり守られないのですか

――「ルールは破られるためにある」などと言いますが、なぜルールはあまり守られないんでしょうかね。

守られるルールの三つの条件というものがあるんです。

第一に、**「内容の合理性」**。

「なるほどこれは守られないといけないことだな」とみんなが納得するルールは、必ず守られます。「ベルトの幅は二センチ以内」というようなルールには、合理性がない。だから守られない。子どもが、「なぜ二センチ以内でないといけないの？」って聞いてきたら、合理性のある答えができないでしょう。「そう決まっているから」って言うのは答えになっていない。そういうルールは守られない。

第二に、**「手続きの民主性」**。

ルールを制定する手続きに、全員が参与(コミット)していること。少なくとも、参与したという感覚があること。だから、学校の校則なんかは、本当は毎年白紙還元してつくりなおさないといけない。それができないなら、せめて、入学時に一人一人の生徒に説明して、一条一条守るかどうか尋ねて宣誓してもらうくらいの手間はかけないと……。生徒手帳を配って終わりでは、決して守られない。自分が参加して決めたルールは守りますよね。

第三に、「適用の平等性」。

例外的特権階級がいないこと。生徒には「タバコを吸っちゃいかん」と言っておきながら、職員室はタバコの煙がもうもう、では、そんなルールは守られない。「お前たちは子どもだからいけない。我々は大人だからいい」という論理は通用しませんよ。それが差別の論理であることくらい、今の子どもたちはすぐに見抜きますし、また、見抜けないようではいけない。

――大人と子どもとは、すべてにおいて平等でなければならないということですか。

大人だから、子どもだから、という理由だけで権利に差をつけるのは、合理的ではない。

一方、大人と子どもとがまったく同じ権利を認められるべきだというのも、合理的ではないと思います。ある人の権利は、その人がとれる責任の量と質に比例すべきだと思うんです。私がとれるだけの責任を、私の息子はとれない。だから、彼の権利は私の権利よりも少ない。それは、私が大人で私の息子が子どもだからではない。私と私の息子との間には人間としての価値の上下があるわけではない。とれる責任に見合うだけの権利を行使できるという意味で、どちらも同じように価値を認められるべきだ。

◆人間には義務はない

——義務を果たさないと、権利はない、ということですね。

我々には義務なんかありませんよ。責任があるだけです。

——義務と責任とはどう違うんですか。

義務というのは誤ったかたちのルールが我々に強制すること。責任というのは、我々が自発的に負うもの。

我々に義務を課するかたちのルールは、ラディカルに考えれば、誤ったルールだと思うんです。「すべての人は必ず何々しなければならない」というかたちをしていますからね。「すべての」「必ず」「すべき」というような言葉を含んだ信念体系は誤っているって言ったでしょう。個人のライフスタイルの場合に誤っているのと同様、集団のルールの場合にも誤っている。

――納税の義務とか教育の義務はどうなるんですか。

納税の義務というのはね、本当は、「もしあなたが国家のサービスを受けたかったら、税金を払ってください。もしあなたが税金を払わなかったら、国家はあなたに対するサービスを打ち切りますよ」と書かれているべきなんですよ。そう書かれていれば、それは義務ではなくて、国家の保護を受ける権利を主張するための国民の責任を言っていることになります。それだったらオーケー。

教育の義務というのは、本当は、「国家には、あなたの子どもたちに初等教育の機会を与える義務がある。すなわち、あなたの子どもたちは、初等教育を受ける権利がある」ということだと思います。このような条文では、法律は国民の義務を定めているのではなくて、国家の義務を定めているのです。私はそう理解しています。逆に言うと、国民の権利を制限しているのではなく、国家の権利を制限しているのです。だとしたらオーケーなんです。これは民主主義法の基本的なあり方だと思います。

不登校児のことを考えるときに、これは大事なことなんですよ。国家は初等教育を与える義務がある。それは学校をつくっているから、一応は果たされていると見てあげましょう。さまざまな問題はありますがね……。さて、もし、子どもが「学校へ行きたくない」と言ったときにはどうなるのか。この子どもに学校に行く義務はあるのか。私はないと思う。誰も彼を強制できない。彼は彼の権利を自ら放棄している。それだけのことだ。だから、いかなるかたちでも、彼らを罰するべきではない。ただ、自分の権利を行使するように勇気づけてあげ、また、彼らが安心して権利を行使できるような場を用意してあげればいいだけだ。

——では、よいルールとは、どんなルールなんですか。

それを話す前に、権利と責任のことに戻りましょう。責任に応じた権利があり、権利に応じた責任がある。これが保証されているとき、平等だと言える。

ルールの中に合理性と民主性と平等性が貫かれていないと、そのルールは守られない。あるルールが、意識的なものであれ無意識的なものであれ、この原則に則っていればよいルールだし、この原則に反していれば悪いルールだ。

お父さんの門限は一一時で、子どもの門限は七時だというルールは、平等でしょうか不平等でしょうか。お父さんは一一時まで外にいても責任をとれるけれど、ある年齢の子どもは一一時まで外にいる責任をとれないから、このルールは平等でありうる。もし、これを、両方とも七時とか、両方とも一一時にすると、それは平等ではなくて無差別だ。それでは悪いルールなんですよ。悪いルールはトラブルのもと。よいルールがあってはじめて、全員が幸福に暮らせる。

Q 9. 集団のルールにはどんなものがありますか

――個人の性格（ライフスタイル）と集団のルールとは、どんな関係にあるんでしょう。

集団のルールをつくるのは個人です。ですから、意識的なものであれ無意識的なものであれ、ルールには当然、立法者のライフスタイルが反映します。

また、個人のライフスタイルは集団の中で形成されます。ですから、個人のライフスタイルには集団のルールが投影されます。アドラーが言うように、「環境が人間をつくり、人間が環境をつくる」んです。

――ここでもその言葉が使えるんですね。

まず、個人が集団をつくるほうからお話ししますね。**人間関係には、大別して二種類あります。**

一つは「縦の関係」、

もう一つは「横の関係」。

この二つは、違ったライフスタイルに基づいています。つまり、縦の関係で暮らす人は、徹底して縦の関係ばかりつくって、決して横の関係を持とうとしない。逆に、横の関係で暮らす人は、徹底して横の関係ばかりつくろうとする。相手によって縦になったり横になったりするということは、実際にはまずありません。縦の人は誰に対しても縦ばかり、横の人は誰に対しても横ばかりです。

――日本人には縦の関係が多いのはなぜですか。

世界中どこへ行っても縦の関係ばかりです。子どもは縦の関係でものを考えるんです。世界中の人類が子どもだから、世界中が縦の関係の社会です。

さて、縦の関係のライフスタイルがつくるルールには、大別して二つあると思います。

一つは「**ファシズム法**」、

もう一つは「**アナーキズム法**」。

横の関係がつくるルールは、今のところは一つしか知られていなくて、「**民主主義**（デモクラシー）**法**」です。

ここで「法」と言っているのは意識的なものも無意識的なものも含めた、集団のルール全体のことです。

◆ファシズム・ルールのつくるライフスタイル

――すると、ルールは大別して三種類あるということになりますね。

＊フロム（Erich Fromm 1900–1980）
ドイツ生まれのユダヤ人精神科医。はじめフロイトについて精神分析を学び、またマルクス主義に傾倒した。のちにフロイトとマルクスとを止揚しつつ、彼独自の「ラディカル・ヒューマニズム」の立場を確立した。著書に『自由からの逃走』（東京創元社）、『正気の社会』（社会思想社）、『人生と愛』（紀伊国屋書店）、『希望の革命』（紀伊国屋書店）な

そうですね。従って、社会の構造も、ファシズム社会・アナーキズム社会・民主主義社会の三種類があることになります。

さて、ファシズム法をつくるのは、支配―服従関係を軸にする個人のライフスタイルです。支配―服従というかたちの、あるいは、ややフロイト的な言い方ですが、サディスティック・マゾヒスティックなかたちの、縦の関係でしか人間関係をとらえられない人々が、ファシズム法を支えているんです。

――支配欲の強い人が独裁者になる。

それだけではなくて、被支配欲の強い人が、自ら奴隷になろうとするんです。フロイトの弟子のエーリッヒ・フロム*が、ナチズムを支持した人々について、同じようなことを言っています**。決して一人の独裁者がファシズムをつくるのではない。独裁者の奴隷になりたがる無数の大衆がいるんです。その大衆のほうも、縦の関係を中心にしたライフスタイルを持っている。縦の関係のライフスタイルを持った人は、何も支配者の側でなくても、被支配者の側であっても、結構安定するものです。

ヒトラーを支持した大衆がいなかったら、ナチズムはなかったんです。日本人は、この点の反省が乏しいように思います。戦前のファシズム体制については、軍部と同じくらい大衆の一人一人にも責任があると思います。私の親なんかは、「だまされていたんだ」と言いわけしますがね、その言いわけは、私は信じない。だまされる

ど多数がある。

**「ヒトラーのパーソナリティー、彼の教説およびナチの組織は、我々が『権威主義的』と呼んだ性格構造の一つの極端な形態を表現し、まさにこの事実によって、彼は、彼と多かれ少かれ同じ性格構造を持った民衆に強く訴えた。
……権威主義的性格の本質は、サディズム的衝動とマゾヒズム的衝動の同時的存在である。
……無力な存在を支配する力をえたいという欲望とならんで、圧倒的に強い力に服従し、自己を絶滅したいという欲望が存在する。ナチのイデオロギーや実践のマゾヒズム的側面は、大衆をみると最も明白である」
フロム・E『自由からの逃走』(日高六郎訳、東京創元社)
(引用は、助詞、語尾、かなづかいを若干変更してある)。

素地、つまり、縦の関係を中心にしたライフスタイルが、国民の一人一人にあって、独裁を歓迎した部分がきっとあったと思う……。

私は、我々の親たちを非難する気はないんです。「我々はもうあんな馬鹿なことはしませんよ」と思っているだけです。でも、多くの人にこの反省が足りないから、国法だけではなくて、学校の規則でも家庭内のルールでも、今なおファシズム法が健在なのは、悲しいことです。

――ベルトの幅だとかスカート丈だとかを規制するといったことも……。

あれは教師の支配性を満足させるためのルールでしょう。日露戦争の軍服みたいな学生服を強要したり、寒い校庭で長いあいだ立たせたり、ああいったことがファシズムでなくて何ですか。そして、ああいったルールをつくりだしたライフスタイルがサディズムでなくて何ですか。ああいった教育は、子どもたちのライフスタイルに決定的に悪い影響を与えると思うんですよ。つまり、縦の関係を教育しているのだから……。子どもたちは、奴隷的な服従精神を身につけるか、あるいは、いつか自分も独裁者になろうと決意するかのどちらかでしょう。いずれにしても民主主義に対する脅威です。そういうふうな人間をつくってはいけない。

ファシズム社会で迫害を受けた人の多くは、やがて自ら迫害者になってしまう。旧軍隊の新兵いじめをしたのは、かつては新兵としていじめられていた古参兵たちでしょう。今の学校は、あれと同じことを繰り返しています。

——学校にはファシズムのルールが横行している、と。

学校こそ、最も民主主義的な場でなければならないのに、現実には完全なファシズム社会だ。そして、縦の関係を養成し、ファシズムを拡大再生産している。

——それは誤ったルールではないかということですね。

誤ったルールは、次の世代のライフスタイルを誤らせることを通じて、次の世代のルールをも誤らせる。特に、育児や教育の場でのルールは、ライフスタイル形成期の子どもたちを対象にするわけですから、影響が大きい。こうして、集団のルールが、個人のライフスタイルに影響を与えていくんです。

——集団のルールと個人のライフスタイルとの間に、相互作用があるわけですね。

そうです。だから、ルールはなかなか変えられない。個人のライフスタイルが安定であるのと同じように、集団のルールもいったんできてしまうと安定なんです。世代から世代へ、遺伝していくんだ。

◆家庭内に多いアナーキズムのルール

——どこかで断ち切らないといけない。

そうです。さて、アナーキズム法に移りますが、アナーキズム法という言葉は変なのね。だって、法がないのがアナーキズムなんだから。でも、たとえ成文法はなくても、必ず無意識的な暗黙のルールはあるわけです。だから、ここで言われているのは、ルールが言語化されていなくて、すべて無意識的な状態のままにおかれていることなんです。ただし、これだけでは、まだアナーキズム法ではない。ルールを成文化することを積極的にいやがれば、アナーキズム法です。

「ルールは意識化してはならない」というのが、アナーキズム法の唯一の条文です。

──具体的にそういうことがありますか。

これは、家庭内に多い。ルールが言語化されていないだけではなくて、ルールを言語化することに反対するアナーキズム家族がいるんです。夫婦間や親子間の取り決めをしようとすると、抵抗する人たちがいるんですよ。「そんなことは、わざわざ言葉にしないでも、理解しあうべきだ」と言ってね。

──「言葉で言わないとわからないようでは愛情がないんだ」というわけですね。

そうです。これも誤ったライフスタイルの産物です。縦の関係の一種なんですが、ファシズム法を支えていた「支配─服従構造」とは違って、アナーキズム法を支えているのは、「甘え─思いやり構造」である、と私は言っています。ファシズム法が父子関係的で、アナーキズム法は母子関係的だと言ってもいいでしょうね。

アナーキズム的な集団は、日本特有ではないかもしれないけれど、日本にはとても多い。日本人の多くが、「人は私の思いをわかってくれて当然だ。たとえ私が口に出して言わなくても」という信念を持っているんです。これは誤った信念です。だって、人間にはテレパシーの能力はないからね（笑）。

我々には黙っている権利はある。ただし、その権利を行使するためには、理解されなくてもいい、誤解されてもいい、という責任を引き受けなければならない。

――「甘え」がいけないのはわかりますが、「思いやり」もいけないというのは意外ですね。

甘えと思いやりとは、同じコインの裏表なんですよ。甘え根性のある人だけが、思いやりというような無礼なことが平気でできる。思いやりというのは失礼なことだと思うんです。他人の心を読むのは、「あなたには自分の要求を口で言う能力がない」と言っているのと同じことですから。

――何と厳しい。

それは、甘えに反対しているんだから。思いやりの深い人のライフスタイルには、「私は言われなくても、相手の気持ちを察してあげなければならない」という信念と同時に、「だから、相手も、私が言わなくても、私の気持ちを察するべきだ」という信念もきっと含まれています。

――日本の夫婦の多くはそのパターンですよ。

だから、「私がこんなにしてあげているのに、あなたはなぜわからないの」と押しつけがましくもなる。つまり、「私の思いやりに対して、あなたも私を思いやるべきだ」と甘え根性を露呈する。思いやりは、決して無償の親切ではなくて、相手からの甘やかしを期待した、「小さな親切・大きな下心」なんです（笑）。

——「小さな親切・大きなお世話」でもあるし。

相手を思いやることで、相手の上に立とうとするところもある。つまり、縦の関係なんです。このあたりが、ナチズムと日本の軍国主義の違いになって表われているのかもしれないね。たとえば、二・二六事件の将校たちの書いたものなどを読むと、天皇に対する甘え根性が感じられるでしょう。ナチの親衛隊には、ヒトラーに対する甘え根性というのはないからね。

◆アドラー心理学は共同体的な暮らし方をめざす

——わかりますが、この考え方はあまり日本的ではない気がします。「日本人の生活には合わない」と言われることはありませんか。

もちろん合わない（笑）。でもね、西洋人の生活にも合わないんです。日本では、「アドラー心理学的な考え方はあまりにも西洋的だ」と批判されることが多いんですが、ドイツでは、「アドラー心理学はあまりにも東洋的だ」って批判されるんですって（笑）。

　我々の提唱している暮らし方は、東洋的でも西洋的でもないんです。今までになかった暮らし方なんです。あえて言えば、共同体的な暮らし方なんです。だから、東洋人にとっても西洋人にとっても、いきなりは馴染めないかもしれない。

――だから、東洋人は西洋的だと感じ、西洋人は東洋的だと感じる。

　そうです。「自分たちの暮らし方ではない。だからこれはきっと西洋的（あるいは東洋的）なんだろう」と思うんです。

　ともあれ、ファシズム法とアナーキズム法とがあって、共に誤ったルールだ。我々の不幸の原因の一つだし、また、我々の誤ったライフスタイルを形成する基盤になっている。

　そこで、どうすればいいかなんですが、革命を起こしてもしようがない。アドラーは、社会のルールを変革するためには、社会革命はナンセンスだと考えていました。政治でもって政治は変革できない。暴力革命からは、より暴力的な社会しか生まれない。そうではなくて、心理療法を含む教育でもって、個人個人を変革していけば、いつかは社会全体がもう少し住みやすい場所になっていくだろうと考えた。

　本当の意味での民主主義社会は、民主的なライフスタイルを持った個人が増えていくところからしか生まれてこない。ファシズム法やアナーキズム法から脱却する

ためには、個人個人が横の関係を学ばなければならない。もう少し具体的に言うと、

◈ファシズム法に対しては、個人のライフスタイルを対等の協力的な人間関係中心のものに変革して対応し、

◈アナーキズム法に対しては、個人のライフスタイルを自立した責任性のあるものに変革して対応しなければならないと考える。

——相当、前途遼遠といった感じがしますね。

そうかな？　江戸時代に、「将軍様がいなくなって、みんなで国会議員を選挙して、チョンマゲをつけないで暮らす日が来る」と言ったら、狂人扱いされたでしょうね。それは、ほんの百年あまり前のことなんですよ。パラダイム・シフトは、案外簡単に起こるかもしれない。

民主主義が一番よいルールなのですか

——民主主義が一番よいルールだというわけですか。

まあそうなんですがね。というのは、まず、民主主義というのがどういうことなのかが、もう一つはっきりしない。アメリカもロシアも民主主義国家ですからね。もう一つは、民主主義がベストなのかどうかがわからない。ファシズムやアナーキズムよりはベターであることは確かなんですが、ひょっとしたらもっとベターな

＊ケルゼン（Hans Kelsen 1881–1973）
オーストリア生まれのユダヤ人法学者。民主主義を擁護して、ナチに対して論陣を張ったが、のちアメリカに亡命した。著書に『デモクラシーの本質と価値』（岩波文庫）などがある。木鐸社から選集が刊行されている。

暮らし方があるかもしれない。

——それはどんなものですか。

知りません(笑)。人類は今のところ、民主主義よりもましなルールを知らない。でも、民主主義には致命的な欠陥があることが知られています。

——そうなんですか。

ええ。ヒトラーの政権は当時、最も民主主義的だったワイマール憲法のもとで合法的に成立したんです。これはパラドックスです。つまり、ドイツ国民は、民主的に民主主義の廃止を決めたんです。これはパラドックスです。真の民主主義は、民主的な手続きを経て自分自身を殺す決定が下されるならば、従うほかない。このことは、民主的であろうとする限り、認めざるをえない矛盾です。

私の好きなケルゼン*は、「民主主義の船が民主主義自身の手によって沈められるときには、いつの日にか再生するという希望を持って沈むほかはない」というようなことを言っていて**、それはそのとおりなんだけれど、困ったことです。

◆横の関係を成熟させるために

ともあれ、アドレリアンが民主主義という言葉を使うときには、政治的な制度のことを言っているのではありません。そうではなくて、共同体感覚に根ざしたライ

＊＊「多数の意志に抗し、暴力にさえ訴えて主張される民主主義は、もはや民主主義ではない。民衆の支配が民衆の反抗に抗して存立しうるはずがないし、そのようなことは試みるべきでもない。民主主義者は、身を忌むべき矛盾にゆだね、民主制救済のために独裁を求めるべきではない。船が沈没しても、なおその旗への忠実を守るべきである。自由の理念は破壊不可能なものであり、それは深く沈めば沈むほど、やがていっそうの情熱を持って再生するであろうとの希望のみを胸に抱きつつ、海底に沈みゆくのである」ケルゼン・H「民主制の擁護」『ケルゼン選集九　デモクラシー論』(長尾龍一訳、木鐸社)(引用は同書の訳者あとがきより。句読点、かなづかいを若干変更した)。

フスタイルと、そういったライフスタイルに基づいた暮らし方のことを言っているのです。だから、集団のルールのほうではなくて、まずは、個人のライフスタイルのことを言っているんです。

横の関係が、個人の権利と責任の感覚が、あるいは個人の自立と他者との協調の感覚が、競争ではなくて協力の姿勢が、個人の中でまず、完全に確立されること。アドラー心理学に基づいた教育システムがあるんですが、それはこのことを目標に設計されているんです。

——興味があるなあ。それはどんな内容なんですか。

本題から少しそれてしまうけれど、ちょっとだけ説明しましょうか。

まず、教師と生徒とは、まったく対等だと考えます。だから、教師は生徒に何も強制できない。ただ、お願いできるだけなんです。具体的に言うと、「こっちへ来なさい」と言わないで、「こっちへ来てくれませんか」と言う。もちろん、「勉強しろ」なんていう強制はない。サボっていたら、ただ子ども自身が賢くなれないだけなんだから。

——それでは、子どもたちは喜んで勉強を放り出しはしませんか。

もし、多くの子どもたちが授業をボイコットして遊んでいるとすれば、それは教師が悪いんだ。充分に魅力のある授業をしていないということだから。教師が工夫して授業を楽しくすれば、子どもたちはきっと学問が好きで好きでたまらなくなります。教師の怠慢の責任を子どもに押しつけてはいけない。

――でも、忍耐力というか、つらいことやいやなことに耐える力を養成しなくていいんですか。

学問はつらいこと、いやなことではない。最初からそう決めこんでいるからそうなってしまうんです。人間は学問をすることが好きなんです。あなただって私だって、そうではないですか。こうして、楽しみながら心理学を学んでいる。別に忍耐なんかしていない。

――好きな科目についてはそうですが、嫌いな科目だってあるでしょう。

嫌いな科目があるのは、一つには教え方が悪いからだ。ここでも、子どもが悪いのではなくて、教師が怠慢なんだ。

第二に、非常に基礎的な教養を別にすれば、何でもかんでも知っている必要はない。最後に学校を出てから、自分の人生のために二次方程式を解かなければならなくなった人が、世の中にいったい何人いると思いますか。あれは、ほとんどの人には必要がない知識なんだ。

――すると勉強に強制はまったく必要がないんですか。

もし強制したら、嫌いになるだけ。「努力して克服する」というのは素敵なことだけれど、それは「自発的に行なわれたら」であって、努力を強制するのはファシズムでありサディズムだ。

私は数学が大嫌いだったんです。でも物理は大好きだった。中学時代、二次方程式を習ったときは、ただ苦痛だったんです。意味もなく方程式を解かされるだけだったから……。高校に入って、物理で物体の運動を習ったときに、はじめて二次方程式の使い道がわかったんです。使い道がわかると、まったく苦痛ではなくなった。ある物体を放り投げると、その物体が今後どのように運動するか、つまりどのような運命をたどるかということを予言できる、ということに、私はすごく興奮したんです。とてもとても美しいことだと思った。そのためなら、二次方程式でも何でも解いてやる。つまり、目的さえしっかり理解できていれば、人間は自らどんな努力でもするものだと思うんです。今の教育はそういう工夫が足りない。工夫をしないで、くじけた生徒を非難する。

アドラー学校には三つの校則があるのです

学習についての心理学は、ここ数十年に飛躍的に進歩したと思うんです。それなのに、学校教育にはその成果がまったく取り入れられていない。百年前と同じなんです。いいえ、百年前よりも、もっと悪い。さらに、そういった技術的なことだけで

＊「アドラー学校では、三箇条のルールが使用されている……
一　自分自身や他人に対して危険なことや、学校を破壊するようなことをしないこと。
二　授業中は（どの教室でもよいから）『教室』の中にいること。
三　先生の（『出て行け』の）命令には黙ってすぐに従うこと。

第一のルールの必要性は明白であろう。

第二のルールで『教室』と言っているのが、図書室や戸外学習のような、教師がいて学習が行なわれている場を言っていることを注記しておく必要があるが、そうすればこのルールの論理も明白であろう。すなわち、生徒は、授業中には、廊下や便所にいてはいけないし、また学校外へ出てはいけないのである。

第三のルールは若干の説明

なくて、感動がないんですよ。私は自然科学者だから、自然科学について言えば、自然の法則を発見することの驚きを、教師が持っていない。だから、子どもに伝わらない。自然科学とは感動なんです。自然は何と精妙にできていることか。また、人間は、何と多くを知ることを許されていることか。

——まったく同感ですね。

ともあれ、アドラー学校では、いっさいの不必要な強制はないんです。すべてが横の関係で進められていく。でも、子どもたちはちゃんと向上する。ハワイのアドラー学校の報告を読むと、成績は一般の学校と同じくらいなんだそうです。でも、子どもたちの明るさが全然違うんだって。論文で読んだだけだから、どこまで本当かは保証しませんがね。

——校則なんかはないんですか。

ないことはない。三箇条だけあるんです。* もちろん、この校則は、入学時に丁寧にその必要性が説明されて、生徒たちは守ることを宣誓します。生徒たちは校則をちゃんと守ってくれるし、校則に禁じられていない無茶もしないそうです。校則が、強制ではなくて契約だということが、はっきりと確認されているし、その裏側に、横の人間関係を貫くためのあらゆる努力がなされているからでしょうね。

——もし校則違反があればどうするんですか。

が必要であるかもしれない。教師がしてもよい命令はただひとつ、子どもを教室から外に出すための、『出て行け』のサインである。教師はこれを、特別な儀式的なやり方で行なわなければならない。すなわち、黙ってその子どもを指さし、次にドアを指さすのである。……教室を追い出された子どもは、（ルール二で許されているところならば）どこに行ってもよい。他のクラスへでも、図書館へでも、自習室へでも、あるいは、教師が許可するならば、ただちに元のクラスに戻ってもかまわない。もし子どもが、教師の命令が不当であると思うならば、あとで（授業が終わってから）抗議する機会が与えられる」
Ignas, E.: Individual Education Training Manual (1). The University of Chicago, Chicago, 1977.

罰はいっさいないんです。子どもと教師とが話し合う。それでも子どもが納得しないなら、カウンセラーが中に入って話し合う。少しでも威嚇を伴って教育するのならば、ただちに縦の関係ですよね。それでは、全部がご破算になってしまう。信じようと信じまいと、いっさいの威嚇がなくても、教育は可能なんだ。アドラー学校は、そのことを証明しています。威嚇におびえながら教育されている限り、子どもたちは、学問が好きにもならないし、勇気のある人間にもならないし、幸福にもならないんだ。

――今の学校で行なわれていることとはずいぶん違いますね。

まだまだ違いがあるんですよ。たとえば、子どもが自分で教室を選ぶんです。だから、国語は三年生のクラスで、理科は五年生のクラスで、というようにする。子どもが自分の進度に合わせて自らクラスを選ぶんです。だって、全員に同じことを同じ時期に同じように教えるのはナンセンスでしょう。

これは、教師にとってもよいことなんです。教室の中には、年齢とは関係なくほぼ同じ進度の子どもばかり集まるわけだから、落ちこぼれの心配をしないで、のびのびと教えられる。

――日本でもそういう学校はできないんですか。

我々にお金をください（笑）。

Q 10. 家族にはどんなルールが内在していますか

――家族のルールについても同じように考えるわけですか。

家族の中のルールというのも、基本的には法律と同じように扱えます。家庭内がぎくしゃくするのは、ルールが悪いからだと考える。たとえば、夫婦トラブルがあるときには、きっと悪いルールが存在するか、あるいは、よいルールが存在しないかのどちらかだ。その場合に、夫婦間のルールを調整すると、たちまち夫婦仲はよくなります。

――どうやって夫婦間のルールを調整するんですか。

たとえば、ご主人と奥さんとが仲が悪くて、何とかならないかと相談に来たとしましょう。

まず、両者の不満を言ってもらいます。ただし、条件があるんです。精神的な不満は聞きたくない。具体的な行動上の不満を聞きたいんです。もう少しわかりやすく言うとね、「ご主人が今なさっていることで、やめてほしいことは何ですか」と尋ねるんです。「テレビを見ながら鼻毛を抜くのをやめてほしい」とかね（笑）。「私に冷たいんです」というような不満は聞かない。

――普通は「冷たい」というような不満のほうが多いでしょうね。

そうなんです。でも、そういう言い方をしている限り、問題は解決しない。もしそう言えば、「どういう行動を見て冷たいとお感じになるんですか」と聞き返して、具体的な行動を教えてもらいます。

夫婦って本当に下らないことでもめるんですよ。「主人はご飯にお味噌汁をかけて食べるんです。私、あれを見ると気持ちが悪くて」とか、「家内は一日に二時間も友達に電話をかけるんです」とか（笑）。こういう下らない不満がいくつか出てきます。普通はそうたくさんは出てきません。せいぜい五つぐらいかな。不満たらたらの夫婦でもね、こういうレベルでお話ししますと、そう出てこないんですよ。

――意外と少ないものなんですね。

だいたい出そろったら、次に、相手にしてほしいことを尋ねます。「主人が遅く帰ってくるのはかまわないんですよ。でも、遅くなるんだったら、せめて七時ごろまでに電話がほしいんです」とか、「ぴかぴかにしておけとは言わないけれど、せめて週に二回、いや一回でもいいから、家の中を片づけてほしいものですね」とか。これもたぶん五つぐらいしか出てこないと思う。

そこで、双方の主張をずらっと並べて、契約書をつくるんです。

「夫から妻への要請……①電話は一日一時間以内にしてほしい。②子どもの前で夫の悪口を言わないでほしい。

妻から夫への要請……①帰宅が遅くなるときには、午後七時までに電話して連絡してほしい」

というようにね。

この場合、双方のバランスがとれているように注意します。一方が圧倒的に不利にならないように。

――平等に権利を制限されるようにするんですね。

そうです。この契約書を三通つくって、夫・妻・治療者が署名捺印しまして、各一枚ずつ保管します。これが新しいルールなんです。これは、双方の権利を最大限に保証するために、双方が自分の権利の一部を放棄する宣言なんです。今までは、このルールがはっきりしていなかったからもめていたわけね。成文化したルールをつくると、問題は自然に消えていく。

はじめは意識的にルールに従って暮らさなければなりませんが、二、三か月も経つと、それが自然になってしまって、やがて成文化したルールはいらなくなってしまいます。こういう治療法は非常に原始的なんだけれど、ものすごく有効ですよ。

◆**愛の問題を理性的に扱う**

――ルール違反があったら、どうするんですか。

ルール違反があっても、夫婦で処理しないで、次回の治療面接のときに、どう落とし前をつけるかを討論します。だって、こうすると、夫婦喧嘩をしようたってできなくなってしまうでしょう（笑）。違反があると、普通は金銭的なペナルティーを科します。「ご主人は帰宅が遅くなったのに、午後七時までに電話をしなかったんですね。さて、奥さん、罰金はいくらぐらいだと思われますか」というように。

――ずいぶんビジネス・ライクですね。

そこがこの方法のいいところなんですよ。人間は、愛の問題を理性的に扱えるほど成長していないと思うんです。でも、ビジネスの問題なら理性的に扱えます。夫婦関係の中のできるだけ多くの部分をビジネスの問題に還元すれば、夫婦関係を感情的にならないで理性的に再建できるようになるんです。

――何だか、愛を冒瀆しているような気もするんですがね。

決してそうではない。かえって愛の神秘を尊重しているんですよ。トラブルのある夫婦は、本来はビジネスにすぎないものを、間違って愛だと思いこんでいるんです。「テレビを見ながら鼻毛を抜く」のは、愛情がないからではなくて、ビジネス上のマナー違反にすぎないと思うんです。それを「愛情がない」と意味づけるから、扱えなくなってしまう。
夫婦療法の仕事は、本来はビジネスの問題にすぎないものを、本来の位置に戻すだけのことなんです。そうして、愛でないものをビジネスとして分離して処理していくと、やがて本当の愛が現われてくる。夫婦トラブルは、愛がビジネスによって汚されているときに起こるんです。だから、愛からビジネスを分離すると、本当の愛が復活する。

――本当の愛って何ですか。

老子が、「言葉で言えるようなものは本当の道ではない」と言っているけれど、言葉で言えるようなものは本当の愛ではないのではないかな。
実際にこのような治療をすると、夫婦の愛情が戻ってきます。そうすれば、本当の愛って何かわかる。パラドクシカルなことなんですが、夫婦療法で愛を直接に扱おうとすると、ほとんどの場合は失敗するんです。愛についていっさい言わないで、夫婦のビジネスのことばかり扱う治療からは、かえって愛が戻ってくる。愛というのはそういうものです。つかもうとすると逃げていくが、そのことにこだわらないで暮らしていると帰ってくる。

――ルールを決めても、どうしても守られない場合はどうするんですか。

どうしても守られないルールは、守らない人が悪いことよりも、ルールが悪いことのほうが多いと思うんです。守られないルールにこだわっていても仕方がない。だから、違反が続くときには、ルールの改正を提案します。

浮気もビジネスとして扱うのでしょうか

――夫婦関係を治療していると、浮気という問題があると思うんですが、そういうのはどう扱うんですか。

浮気が問題だとすれば、「やめてほしいこと」のうちの一つとして契約条項の中にあがってくるでしょうね。そういう意味では「テレビを見ながら鼻毛を抜く」のとあまり変わらない。ルールをつくって、やめてくれればそれでいいではないですか。

――やめてくれなければどうしますか。

それはそれとして仲よく暮らすならそれもよし、離婚するならそれもよし。ただ、喧嘩しながら暮らすのはいい選択ではない。一緒に暮らすのなら、仲よく暮らさなくてはね。

――浮気があっても仲よく暮らせますか。

どうでしょうね。よくわからない。というのは、夫婦療法を受けて、なお浮気が続くケースは、実際にはとてもまれなんです。

――治療を受けると浮気はなくなってしまうと。

ええ、ほとんどの場合ね。というのは、浮気をしているほうにもそれなりの言い分がありましてね。「がみがみ罵(ののし)らないでほしい」とかね。相手がそれを聞き入れてくれれば、ほとんどの浮気はなくなるもんなんです。ただ「浮気はやめろ」と言うだけではなくて、家庭の住み心地をよくすれば、浮気は自然になくなることが多い。人間はそれほど乱交的な動物ではないですよ。

——そうでしょうか。

どうでしょうね（笑）。それはともあれ、夫婦という契約が「あなた以外の人とは性的な関係を持ちません」という条項を含んでいると考えるのは、我々の文化のコモン・コンセンサスだと言ってもいいでしょうね。問題は、その契約が、嫉妬の力でもって維持されているのだったら、それはうまく働かないということです。嫉妬によっては、浮気はたぶんなくならない。

——では、浮気をされても泣き寝入りをするほかはないんですか。

違う違う。嫉妬は子どもっぽいと言っているだけです。嫉妬というのは、怒りを使って相手の愛情を取り戻そうとすることでしょう。「私を愛するのよ」とこわい声で脅迫されたら好きになれますか（笑）。嫉妬ってそういうことでしょう。それはナンセンスなんだ。子ども時代に、こわい声を出したら要求が通った体験があると、「要求を通すためには攻撃的になればいい」というライフスタイルを身につけるのね。

ところが、この世にただ一つだけ、攻撃的になっても絶対に獲得できないものがある。それは愛情。

◆ルール違反のペナルティー

夫婦の一方が浮気をしているとしましょうか。それに対してもう一方が嫉妬すると、起こるであろうことは、次の二つのうちのどちらかです。

第一は、おそれをなして浮気をやめること。第二は、嫌気がさして、ますます浮気が続くこと。

――どちらのケースもありそうですね。

そして、どちらのケースも好ましくない。いずれにせよ、愛情関係ではなくなってしまいますから。たとえ浮気がなくなっても、それは愛情からではなくて、恐怖心から出ているんだ。それでは問題が解決したとは言えない。国家のルールと家族のルールの違いがこれなんです。

国家のルール、たとえば「人を殺してはいけない」というルールは、罰をおそれて守られているのであっても一応はいいわけです。もちろん、恐怖心からではなく、進んで守られるに越したことはないんですが。

ところが、家族のルールは、恐怖心から守られるのであってはいけない。「ルールを守らないと罰するぞ」というのは愛の関係とは言えないでしょう。浮気が続く夫婦には、きっと「ルールを守らないと罰するぞ」という無意識的なルールがあるんだ。だから嫉妬が起こる。ところが、嫉妬すると、相手はますます遠ざかっていくだけだ。だから、浮気をされたとき、逆上する必要はないし、逆上するのはまずい。

——では、どうすればいいんですか。

「あなた以外の人とは性的な関係を持ちません」という契約に違反したんだから、そのペナルティーをどう支払うかについての話し合いをすればいい。離婚するならそれもよし、お金で片をつけようというのならそれもよかろう。しかし、感情的になって相手を罰するというのはまずい。婚姻関係を続けるのなら、仲よく暮らさなくてはね。

——ひどくビジネス・ライクですね。

これは夫婦のビジネスに属する部分の処理なんですよ。愛ではなくて。契約はビジネスです。たとえその内容が性に関する事柄であってもね。「あなた以外の人とは性的な関係を持ちません」というのは、愛とは関わりのない、夫婦のビジネス契約だと思うんです。

——たとえばご主人が浮気したとしますよね。そこで奥さんに「嫉妬しても仕方がないからやめなさい」と言うわけでしょう。すると奥さんは「あの人が悪いのに、なぜ私が我慢しなければならないの」と言いませんか。

だからこう言うの。まず、「そうやってご主人を罰していると、ご主人はあなたのことを好きになってくれると思いますか。それとも嫌いになっていくと思いますか」と尋ねる。そうすると、「嫌いになると思います」と答えるでしょうね。次に、「あなたは、ご主人に愛されたいんですか、それともご主人を罰したいんですか」と尋ねます。すると、「愛されたいんです」と答えるでしょうね。そこで、「どうすればご主人に愛される奥さんになれると思いますか」と。

――「頭ではわかりますが、でもくやしいじゃないの」って言いませんか。

「あなたのくやしさをご主人にぶつけてすっきりして、そしてご主人に嫌われるのと、それは水に流して、ご主人に愛される工夫をして好きになってもらうのと、どちらを選びますか」って尋ねます。

――奥さんは、「私だけを責めることはないでしょう」と言う。

「私は誰も責めてはいません。あなた方がどうすれば仲よく暮らせるかを工夫しているだけです」と言う。

――「野田先生は男だから、女の気持ちはわからない」と言ったら。

女性のやり口をよくご存じですね(笑)。そういうこともあろうかと、夫婦療法は男女ペアの治療者でやるんです。

——そうなんですか。

男女差別論者だと思われるといやなので言い添えておきますが、今は、ご主人が浮気していたものとして話をしましたけれど、奥さんが浮気をしていた場合も同じです。男であれ女であれ、浮気に嫉妬して相手を責めている限り、夫婦は本当の愛を知ることはない。実は、その夫婦は、はじめから本当の愛の関係にはなかったんだと思う。だから浮気があったんだ。夫婦が本当の愛の関係にあるならば、浮気ははじめからなかっただろう。

◆文化がつくりだす性に関する無意識のルール

男と女とが愛しあって一緒に暮らそうとするならば、嫉妬という子どもっぽい感情の使い方を脱却しないといけない。

——相手に裏切られてかっとなっているときには難しいのではないですか。

そんなに難しいことだという感じを、私は持ったことがないんですけれどね。でも、難しく感じる人もいるようですね。

嫉妬に関連するんですが、浮気をやめさせるのにはあまり苦労しないんだけれど、浮気をやめたのに許せないというケースが結構あって困ることがあるんです。

——過去の浮気にいつまでもこだわってしまうわけですね。

そうです。すんだことにこだわっていてもしようがないのにね。「テレビを見ながら鼻毛を抜く」癖があったとしても、それをやめれば、いつまでもこだわることはしないでしょう。それなのに、なぜ浮気についてだけは、たとえやめても、いつまでもこだわるんだろう。不思議に思いませんか。

――二人の仲をきれいにしておきたいという願望からみれば、当たり前のような気もしますが。

この世の中に「当たり前」はない。もし「当たり前」と感じられることがあるとすれば、それは我々が共有している文化の統覚バイアスであるに違いない。つまり、性的な関係に関する文化的な無意識のルールがあって、それが我々を感情的にしてしまう。つまり、浮気をやめてもなおこだわりが残るのは、我々が共有している文化的な無意識のルールに何か関係があるからだと思うんです。

――それは、どういうことですか。

◆夫婦にも縦の関係が入ってくる

それはね、「性的な関係はただちに所有関係を意味する」という無意識的なルールです。性的な関係があると、下卑た言い方だけれど、「もうあの女は俺のものだ」とか「もうあの人は私のものよ」とか言うでしょう。どうもそれが具合が悪い。

性的な関係があったからといって、人が他人を所有することはできない。それは夫婦であってもです。夫婦関係というのは、相互に相手を所有する関係であってはいけない。セックスしたって自分のものになんかならないんだ。

――所有関係に双方が合意していてもですか。

人が人を所有するということは、たとえそれが相互の了解のもとであっても、さらに、相互に対等に所有しあうことであっても、なお悲しいことだ。それは横の関係ではなくて、縦の関係なんです。

――双方が合意していて、しかも対等の関係であっても、なお縦の関係なんですか。

どんな場合でも、人が人を所有するのは縦の関係です。人間が人間を所有することはできない。してはいけない。たとえ夫婦であっても親子であっても。

――でも、そうやって相互に縛りあうことで夫婦というものが成り立つわけでしょう。一夫一婦制というのは、相互に縛りあって、浮気はしません、ということではないんですか。

「あなたとしか性的な関係は持ちません」ということは、「私はあなたのものです」ということでもないし、「あなたは私のものです」ということでもない。わかりますか。

――ええ、まあ……。

配偶者は所有物ではないんです。所有物だと思うから、話がこじれる。ご主人が浮気をすると、奥さんは、「私の亭主を取られた」というでしょう。あるいは逆に、奥さんが浮気しても同じで、ご主人は、「女房を寝取られた」なんて言いますよね。いずれも子どもっぽい。自分の所有物である玩具を他の子どもに取られた子どもと同じです。玩具は所有物だけれど、配偶者は所有物ではない。浮気をされて泣き叫ぶのは、子どもっぽい所有意識がある証拠です。

マルクスが、「男と女の関係を見れば、文化の程度がわかるし、本当に人間が人間らしくなっているかどうかがわかる」と言っていますけれど、* 我々の文化はまだまだ子どもっぽいし、我々は本当の人間らしさをまだ持っていない。

――なるほどね。

愛は横の関係があってはじめて可能です。縦の関係がある限り、それは一種の奴隷制度なんだ。結婚が「一生あなたを私の奴隷にします。そのかわり、私も一生あなたの奴隷でいます」ということだとすれば、それは馬鹿げている。

親子関係のルールはどのように扱いますか

――夫婦関係だけではなくて、親子関係でも同じように契約で治療することができるんですか。

*「この（男性の女性に対する）関係から、人間の全文化段階を判断することができる。……男性の女性に対する関係は、人間の人間に対する最も自然的な関係である。だから、どの程度まで人間の自然的態度が人間的となったか、あるいはどの程度まで人間的本質が人間にとって自然的本質となったか、どの程度まで人間の人間的自然が人間にとって自然となったかは、男性の女性に対する関係の中に示されている。また、どの程度まで人間の欲求が人間的欲求となったか、従ってどの程度まで他の人間が人間として欲求されるようになったか、どの程度まで人間がその最も個別的な現存において同時に共同的存在であるか、ということも、この関係の中に示されているのである」

マルクス・K・H『経済学・

もちろん、親子関係でも同じ手続きで改善することができます。ただ、その場合には、夫婦関係以上に、親子が対等で平等なんだということを、親に対して強力にティーチ・インしておかないといけない。

現代では、夫婦は対等だということは、一応はコモン・コンセンサスになっていますよね。でも、親子が対等だというと、びっくりする人が多いんです。

——親子がまったく対等だというのは、なかなか受け入れられにくいでしょうね。

我々はね、「対等なのだ」とか「対等であるべきだ」と主張しているわけではないんです。「対等だと考えるのが便利ですよ」あるいは「対等だと考えないと問題は解決しませんよ」って言っているんです。「対等だというのは事実であり真理である」とは言いません。「問題を解決するために便宜的に対等と考えておいてくださいよ」と言っているだけなんです。アドラー心理学の主張は、このことに限らず、すべてそうなんです。「何が真理か」が関心事ではなく、「何が有益か」、すなわち「どうすれば幸福になれるか」が、我々の問題意識なんです。

◆親子のルールが守られないのは

——トラブルを解決するためにはルールをつくらないといけないし、そのルールが守られるためには、対等であることが必要だ、と。

哲学草稿』（城塚登・田中吉六訳、岩波文庫）

そのとおりです。守られないルールをつくっても仕方がない。親が子に対して横の関係に入れないのなら、親子間のルールは決して守られない。実際に親子契約をしますと、二つの困ったことが起こります。

まず第一に、親は子どもの権利を大幅に制限しようとするけれど、親自身の特権は手放そうとしない。その結果、子どもが一方的に不利になってしまうんです。子どもは門限を守らなければならないわ、一日に三時間は勉強しなければならないわ、テレビは一日に一時間しか見れないわ、なのに、親は何も制限されないで、嫌味は言い放題、テレビは見放題……。これでは子どもはルールを守る気になれないわね（笑）。

第二の問題は、ようやく合理的なルールをつくっても、ルールを破るのは、まず親のほうだということ（笑）。どうしても特権意識が抜けない。

──そのくせ、子どもが悪いと考える。

「うちの子はわがままで困る」という親がよくいるけれど、親と子どもとどちらがよりわがままかを、素直になって考えたら、絶対に親のほうがわがままだと思う（笑）。夫婦は双方ちょうど同じくらいわがままだが、親子は圧倒的に親のほうがわがままだ。だから、夫婦のあいだに取り決める契約は、治療がはじまるや、いきなりでもできるけれど、親子のあいだの契約はそうはいかない。親のティーチ・インが終わってからでないとできない。いちいち個別にティーチ・インするのは面倒なので、普通は親に、私がつくった育児コースの「パセージ（Passage）」に出てもらっています。それが終わってから、やっと契約ができる。

――「パセージ」というのは、どういうことをするんですか。

親を集めて一〇人程度のグループをつくって、週一回二時間ずつ、八週間にわたって親子関係の基本的な考え方と具体的な親子コミュニケーションの方法を学ぶんです。

――家族のルールをつくるということはわかったんですが、無意識的なルールは診断しなくていいんですか。

家庭内では、実状に合わないルールがあることよりも、そもそもルールがないことのほうが多いんです。だから、現在家族を動かしている無意識的なルールを意識化させる操作をしなくてもいい。どっちみち、問題を抱えた家族の無意識的なルールは、縦の関係の一種であるに違いない。分析しなくてもきっとそうだと思う。だから、横の関係ということを学んでもらい、かつ、合理的な、実行可能なルールを成文化してもらえば、それできっとうまくいく。

――それだけでいいんですか。

原理的にはまったく簡単なことです。家族の心理療法は、普通はこのような方法で充分だと思います。アドラー心理学以外の家族療法家たちは、ずいぶん複雑な操作をするようですが、すべてのケースにあんな複雑な操作は必要ではない。あれはスズメを撃つのに大砲を持ち出すようなものです。それは、ときどきは大砲でないと退治できないような怪物もおりますがね。

Q 11. 無意識的なルールとは何ですか

——無意識的なルールのお話を聞きたいんですが。

無意識的なルールにえらくご執心ですね。

——家族療法で「家族神話」なんていうでしょう。ああいう考え方はアドラー心理学にはないんですか。

アドラー心理学は無意識を無視はしないけれど、それほど重視しない。人間関係にトラブルがなければ、意識的なものであれ無意識的なものであれ、ルールはチェックしなくていいんです。

人間関係にトラブルがある場合には、個人のライフスタイルがおかしいか、あるいは集団のルールがおかしいかのいずれかに原因がある。だから、そのいずれか、あるいは両者をチェックすることが多い。どちらを先にチェックするかは、ケース・バイ・ケースなんです。

原則としては、夫婦トラブルや親子トラブルで、両方の当事者が治療に来てくれる場合には、まずルールのほうをチェックします。どちらか一方だけ、すなわち、夫婦トラブルについて奥さんだけが来るとか、親子トラブルについて親だけが来るというような場合には、個人のライフスタイルのほうをチェックします。

――それはなぜですか。

セラピストが扱えるのは、治療の場面にいる人だけだから。たとえば、不登校児の母親だけが相談に来れば、その母親のライフスタイルを診断して改善するんです。

――子どもではなくて、母親のライフスタイルを診断するんですか。

そこが味噌なんですよ。母親を介して子どもをリモコンすることはできない。親が変わらないと子どもは変わらない。また、会ったこともない子どものライフスタイルを、母親の話をもとにして診断するなどということは、原理的に不可能なんです。

――推測も不可能なんですか。

ええ。子どもの性格について母親が言うことからは、母親のライフスタイルが診断できるだけです。たとえば、「うちの子はわがままで反抗的です」と母親が言ったとしたら、その母親が強圧的で支配的であることがわかるだけです。「子どもは私の好みに従うべきであり、私の命令に反抗することは許せない」と言っているのですから。子どもがどのようだかは、まったくわからない。

我々が診断できるのは、我々の目の前にいる人のライフスタイルだけなんです。

その人が誰についてしゃべっていようと、その言葉は、その人自身のライフスタイルのみを反映している。

◆家族という人間集団も分割できない全体

――もし親子で来た場合には、両方のライフスタイルを診断するんですか。

いいえ。もし、親子で来てくれれば、個人のライフスタイルはさしあたって問題にしないで、親子間のルールだけを問題にする。

なぜなら、家族なら家族という人間集団は、分割できない全体ですから。個人の集合ではないんです。家族を構成している個人全員のライフスタイルを知っても、家族のライフスタイル、すなわちルールはわからない。だから治療場面に家族がそろったら、個人のライフスタイルは置いておいて、まず家族のルールのほうを問題にするんです。それでうまくいかないときだけ、個人のライフスタイルに対する働きかけをする。

――個人だけ治療するのと、親子なり夫婦なりをまとめて治療するのと、どちらがいいんですか。

それは、親子ともに来てくれるに越したことはない。でも、実際にはなかなか両方は来てくれない。まして、家族全員を集めるのは大変です。だから、実際には、家族の中の誰か一人、あるいは母親と息子というような、一部の人だけと会うことが多い。

——システム型家族療法のように、常に家族全員をそろえることは必要ではないとお考えですか。

必須条件ではない。もちろん全員そろえば大変結構だけれどもね……。

さて、夫婦なり親子なりの当事者が、まあ、できれば全員そろった場合には、三段階の手続きを踏んでルールをチェックします。

成文化したルールがあるときには、まずそれをチェックする。けれど、そんなことは少ないですね。共通のルールがないことのほうが多い。ルールがないものだから、各人が自分の都合のよいように解釈している。それでトラブルが起こる。

第二段階として、前に言ったように、新しくルールを定めます。暗黙のルールを診断するよりも前に、それには問題はないんだろうと高をくって、合理的で民主的なルールを提示してしまうんです。それでうまくいけば、ここでおしまい。これでおしまいになるケースが九割くらいあるかな。だから、家族の暗黙のルールを実際に分析することはほとんどないんです。

——あれ、そうなんですか。

何だか、がっかりしたみたいですね。

アドレリアン・サイコセラピーでは、診断は治療の必要のために行なわれるんです。治療上必要がない限り、診断はしない。知的興味だけで人の心の中を覗きこむのは、エチケット違反です。個人のライフスタイルについても集団のルールについても同じことです。

個人のライフスタイルを分析する必要は、比較的多くの場合にありますが、家族などの集団のルールを診断しなければならない場合は、経験上ほとんどない。我々は、成文化したルールがどうしても定められないときや、あるいは定めてもどうしても守られないときにはじめて、何か暗黙の誤ったルールがあるんではないかと疑いだします。そこで、第三段階として、暗黙のルールを探りだします。

どのようにして無意識的なルールを調べるのですか

——面白くなってきましたね。どのようにして暗黙のルールを診断するんですか。

暗黙のルールを探らなければならない場合には、二つの側面から探ります。家族の場合には「家族の価値観」と「家族の雰囲気」。集団なら、「集団の価値観」と「集団の雰囲気」ですね。

さて、価値観というのは、たとえば、家族に例をとるならば、「学歴は大事だ」とか「お金は汚い」とかいったことです。これは、個人のライフスタイルの「自己理想」にあたる、集団の共同理想だと理解してもいいでしょう。

雰囲気というのは、ルールを制定するためのルールのことです。集団の理想である価値観とルール制定手続きとしての雰囲気とがわかれば、あとは自然にわかってきます。価値観も雰囲気も、意識的な部分と無意識的な部分とからできているのが普通です。

——雰囲気についてもう少し説明していただけませんか。

家庭で言えば「父親がすべてを決める」とか「声の大きいほうが決める」とか、あるいは、「『お父さん決めてくださいよ』と母親が言う」とか……。最後の例では、結局は母親が一番偉いのね。

——日本では、それが多いように思いますね。

たぶんそうでしょうね。雰囲気には、大別して二種ある。一つは縦の関係、もう一つは横の関係。

縦の関係には、ファシズム型とアナーキズム型の雰囲気があり、横の関係は民主主義（デモクラシー）型の雰囲気がある。だから、雰囲気には、合計三種がある。この話は前にしましたね。

——ファシズムとかアナーキズムとか民主主義というのは、雰囲気なんですね。

そうです。だって、雰囲気とは、ルールを決める手続きについてのルールのことですからね。

さて、価値観にせよ雰囲気にせよ、当事者には意外とわかっていないものなんです。つまり、無意識的な部分が多い。なぜかというと、その集団にとっては、あまりにも「当たり前」のことだから……。

狂信的な宗教団体を考えてください。外の我々にとっては異様に見えることが、そこのメンバーにとって「当たり前」のことになっていることがあるでしょう。ある価値観と雰囲気の中で暮らしだすと、それが「当たり前」で、世界中がそのようになっているような気がする。そうなると、あまりにも「当たり前」だから、わざわざ意識にのぼらせてみることが少ない。外から指摘されて、はじめてびっくりして意識化することができるんです。外国へ行ってカルチャー・ショックに出会うのもこれですね。日本の文化の「当たり前」が、「当たり前」として通用しない場所に行くと、それが本当は「当たり前」ではなくて、日本人の集団的な思いこみであるにすぎないことがわかる。

――「当たり前」と思ってしまうから、反省することがなくて、それで無意識的になってしまうんですね。

そうです。でも、ルールが無意識的だからといって、ただちに不合理だとは言えない。個人の無意識が基本的には信頼できるように、**集団の無意識も基本的には信**

頼していい。 そうでなければ、その集団はとうに崩壊しているはずだ。その集団がそれまでともかくも持続してきたということは、無意識的なルールが基本的には正しく機能しているということではないですか。

——無意識イコール不合理と考えてはいけないと。

そうです。アドラー心理学は無意識を基本的には信頼するから。

さて、ルールとは、集団的な信念です。個人的な信念であるライフスタイルが統覚バイアスをつくりだしたように、集団的な信念であるルールも、共同の統覚バイアスをつくりだす。それが、その集団特有の文化になります。「文化」というのは、「共同主観的な自明性（当たり前さ）の体系（システム）」のことです。

——岸田秀さんの言う「共同幻想」のようなものだと思っていいですか。

まあ、いいでしょうね。

集団のルールは個人にどんな影響を与えますか

——集団の無意識的なルールは、当然、個人のライフスタイルに影響を与えるわけですよね。

ある個人が集団の中で暮らしはじめると、比較的短期間に、集団のルールに対応してライフスタイルが変化します。ルールが意識化されていないほど、この作用は強い。意識化されないと、反省されることがありませんから。だから、理性の検討を経ないで、何となく「当たり前」だと思いこんでしまう。こうして、ルールがライフスタイルに刻印されるのです。

――郷に入って郷に従う。

そうですね。違うルールの集団に加入すると、子どもの場合にはもちろん、大人でも、比較的簡単にライフスタイルが変わってしまいます。宗教団体に勧誘されて、簡単に洗脳されてしまう人がいるでしょう。

――霊感商法などで、壺などにとんでもない大金を投ずる人があとを絶ちませんが、これなども……。

人間は、偏った自明性（当たり前さ）の中で暮らしだすと、短い期間に、社会一般のコモン・センスからはみ出してしまう。もっとも、社会一般のコモン・センスも、一種の共同主観的な自明性のシステムですがね。

◆グループ・セラピーの限界と望ましいあり方

「人間は集団の文化には弱い」。これがグループ療法が有効である理由なんですよ。ほんの数日の合宿グループでライフスタイルが変わってしまう。

――それほどの力があると、何だかこわいですね。

悪用するとこわいですよ。でも、グループ療法の場合には、参加者たちは結局元の社会へ帰っていくでしょう。社会へ帰ると、また元へ戻ってしまうから、あまり心配しなくていい。

――グループ・セラピーの効果はさめやすいと言いますね。

社会のコモン・センスから極端にかけ離れたルールのグループ療法は、効果が持続しない。だから、グループ・セラピストは、参加者たちが帰っていく社会がどんなところなのか、そこで受け入れられる行動様式はどんなものなのかをよく知っていて、社会で受け入れられる行動様式を形成するようにグループを設計しなければならない。たとえば、みんなで罵（ののし）りあったり、辱（はずか）しめあったりするというような構造のグループはよくないんです。

そうは言うものの、社会のルールとまったく同じルールでグループ療法をやったのでは、何の効果もない。社会が忘れていて、しかも人間の生活にとってどうしても必要で、さらに社会で受け入れられるような暮らし方を組みこんでおかなければならない。簡単に言うと、みんなで助けあったり信じあったりするというようなグループでないとだめだ。

◆価値観と雰囲気とでは個人への影響が違う

――集団のルールと個人のライフスタイルとの関係を、もう少し詳しく説明してください。

価値観と雰囲気とで、個人のライフスタイルへの影響の仕方が違うんです。

価値観については、イエスを言うかノーを言うかの選択になる。「お金が大事だ」という価値観を持った家族からは、「お金は大事だ」という信念を持つ子どもも育つけれど、「お金はまったく大事でない」という信念を持った子どもも出ます。ただ、「お金についてはノー・コメントだ」という子どもは出ない。

集団の価値観は、個人に態度決定を迫ります。「イエスかノーかはっきりしろ」というわけです。中立は許されない。そういうわけだから、集団の価値観の圧力が強ければ強いほど、イエスもノーも強くなって、真ん中がなくなる。だから、教師の家庭に不登校児が現われたり、警官の息子が非行に走ったりする。これは実際に多いんですよ。

――皮肉なことにね。

次に、雰囲気については、ほとんどの場合は無批判に取り入れられてしまうんです。暴力的な親の子は、まず間違いなく暴力的だ。

――なぜそうなんですか。

雰囲気のほうが、より意識化されにくいということが一つの理由。

もう一つの理由は、自分の属する集団以外の集団の雰囲気を知る機会があまりないということ。この極端な例が、夫婦関係と親子関係です。我々は、自分の両親の夫婦関係のあり方は見て知っているけれど、それ以外の夫婦についてはほとんど知らない。自分の兄弟姉妹や親戚夫婦についてさえ、実際にどのように暮らしているのかは、ほとんど知る機会がない。また、自分と親との親子関係はいやになるほど知っているけれど、それ以外の例を体験することはまずない。だから、結婚すると、同性の親がしたことと同じことをしがちなんです。たとえ、頭では、「親父みたいな夫にはならないでおこう。親父みたいな父親にはならないでおこう」と思っていてもね。それは、それ以外のモデルを知らないから。

人間は、「何々はやめておこう」と決心するだけでは、その行動はやめられない。「何々はやめて、かわりにこれこれをしよう」と決心しないとだめなんだ。ところが、夫婦関係や親子関係については、自分の親以外のモデルを知らないから、どうしていいかわからないので、つい親のやったようにしてしまう。

——代替案がぜひとも必要ということですね。

◆体制・反体制・異端とは

結果的に、集団のルールに対する個人の反応には、三種類が区別できます。

第一に、「体制派」。これは、集団の価値観も雰囲気も、そのままライフスタイルに取り入れる人です。

第二に、「反体制派」。これは、集団の価値観にはノーを言うが、雰囲気は取り入れる人です。

第三に、「異端」。これは、集団の雰囲気にノーを言う人です。雰囲気にノーを言ってしまうと、他のメンバーとは話が通じなくなってしまう。だから、価値観が同じかどうかなんか、問題にならないんです。言葉が通じないんだから。

反体制派は、集団の価値を攻撃し変革しようとするが、異端は、集団から身を引いて、自分の世界に閉じこもるんです。政治を例にとると、このことがよくわかる。ファシズム国家では、体制派は当然ファシストです。反体制派は、たとえばコミュニストです。ファシストとコミュニストとは、価値観に関しては反対なんだけれど、暴力的な政治という雰囲気というか手続きは共通しているでしょう。異端は、政治そのものから身を引いてしまって、たとえば学問や宗教の世界に閉じこもる。

――体制派になるか反体制派になるか異端になるかは、何で決まるんですか。

本人の決断。でも、外からの影響もある。たとえば、家庭内で子どものライフスタイルが形成される場合には、兄弟姉妹間の競争が関係があると言われています。

また、大人になってから、今までのルールが通用しないグループに入った場合、たとえば、ある種の宗教団体に加入したり、グループ療法に参加したりした場合には、ご使用前のライフスタイルも、ある程度関係があるでしょうね。もちろん、集団のルールのあり方も、大いに関係があります。

——学生時代には反体制派だった人が、就職先のルールによっては体制派に変わるというようなことですか。

そう。たとえば、意識的あるいは無意識的なファシズム法が支配する集団に入ると、元々縦の関係中心のライフスタイルの人は、集団内の上下関係の上側にすでにいるか、今はまだ上側ではないが、上側にのしあがれそうな可能性を感じるか、あるいは下側にいて保護されることで安定する場合には、体制派になるでしょう。

また、元々縦の関係中心のライフスタイルで、集団内の上下関係の下側にいつづけなければならないが、それは我慢できないと感じた人は、反体制派になるでしょう。

横の関係で生きる人は、ファシズム集団の中では、異端にならざるをえない。会社なんていうのは、一種のファシズム集団だから、新入社員は、結局この三種に分化していくでしょう。

――出世街道をばく進する人と、組合の幹部になる人と、アフター・ファイブ族というところかな。

面白いたとえです。

◆アナーキズム家庭の異端者は統合失調症になりやすい

――アナーキズムの場合はどうですか。

アナーキズムでも、基本的には同じことだと思います。ただ、ルールがまったく意識化されていないので、二つの違いが出てきます。

一つは、反体制派の数が少ない。体制派は、ルールを意識しないでもなれるでしょう。ただ、すべてにイエスを言っていればいいんだから。

ところが、反体制派は、集団の価値観を批判しないといけないから、いったんは体制側のルールを言語化しないといけない。だから、ルールが言語化されていない場合には、反体制にはなりにくい。アナーキズム集団では、ファシズム集団でなら反体制になるべき人の一部は、うかうかと体制派になってしまうし、一部は異端になってしまう。こうして、反体制派の数が少なくなる。

――家族はそうですよね。

もう一つの違いは、異端の程度が極端なことです。反体制派がほとんどいないので、体制派の力が圧倒的に強くなる。その中で異端を演じるとすると、体制派からの圧力が強い。ファシズム集団では、体制派の敵は反体制派で、異端は、あわよくば無視してもらえるんです。

ところが、アナーキズム集団では、そうはいかない。体制派は、反体制派がいないものだから、異端を直撃するんです。しかも、ルールが意識化されていないものだから、集団の雰囲気が理性的なものではないことが多い。だから、攻撃は感情的なものになりやすいし、また、理性的な反論が通じないことが多い。そこで、異端は、ただ感情的に混乱してしまう。だから、アナーキズム集団の異端は、変になってしまう可能性が高い。

——変になると言いますと。

統合失調症患者の家族などが、私の言うアナーキズム社会のモデルなんだけれど、その中での異端は統合失調症になってしまうのね。

——統合失調症の成因の一つになる。

集団の価値観はゆるやかなものであるのがいい。極端な価値観は極端な反体制派をつくる。寛容は、すべてを穏やかな中庸にする。狂信は、別の狂信を生む。

また、集団の雰囲気は合理的で民主的な横の関係がいい。そうでないと、支離滅裂な異端をつくるのです。

Q 12. 共同体感覚ってどんなものですか

――「共同体感覚」という言葉が何度か出てきましたが、それはどんなものなんですか。

アドラーは、共同体感覚について三つのことを言っています。まず第一には、「私は共同体の一員だ」という感覚。「所属感」と言ってもいいでしょうね。

第二には、「共同体は私のために役に立ってくれるんだ」という感覚。「安全感」とか「信頼感」と言えば近いかな。

第三に、「私は共同体のために役立つことができる」という感覚。「貢献感」とでも言えばいいかな。彼はこの三つだろうと言っています。

――それは共同体感覚についての定義ですか。

定義ではないと思いますよ。説明といったところかな。共同体感覚っていうのは、定義がとても難しいし、また、言葉で定義しても何も意味がないようにも思う。要は、これを実現することであって、議論することではないんです。

——不立文字（ふりゅうもんじ）のこころですか。

老子曰く、「言葉で言える道（タオ）は、本当の道（タオ）ではない」（笑）。

アドラー心理学の治療の究極目標は共同体感覚の育成だと言われているんですが、それは、「共同体感覚とはこれこれである。みんな頑張って共同体感覚を持つように」とお説教することではない。そうではなくて、治療は、共同体感覚を実体験させるための手続きでなければならないと思うんです。言葉で議論するのではなくて、あるセッティングをして、共同体感覚を実際に体験させてしまう。

——たとえばグループでの体験を通じてですか。

そうです。共同体感覚を言葉で言い表わすことができるのは、それを体験したあとだと思うんです。共同体感覚は言葉で定義できないように思う。それはただ体験できるだけ。でも、一度体験すれば、その味についていくらか言葉で語ることはできる。

フランス料理にフォアグラ・パテという食べ物があります。それを食べたことがない人にその味を説明するのはとても難しい。でも、その味を教えるのは簡単です。フランス料理屋へ行ってそれを注文して食べさせればいい。一度食べると、その味について、その人なりに何か言うこともできるだろう。アドラーの三つの条件も、そのようなものだと理解すべきだと思います。それがわかったからって、共同体感覚の味がわかったことにならない。

――食べないとわからないというと、ずいぶん神秘的に聞こえますが。

それでも、食べさせる前に何か言っておくことがまったく無意味とも言えない。いくらかの先入観があるほうが、食べてみようという気を起こさせるからね。そういうわけで、私も共同体感覚について言わないことはない。アドラーの言い方よりももう少しわかりやすくしようと思って、私はちょっと違った言い方をしています。やはり三つの条件をあげていますがね。

まず第一は、「私は私のことが好きだ」ということ。「自己受容」かな。第二は、「人々は信頼できる」ということ。「基本的信頼感」かな。第三は、「私は役に立てる人間だ」ということ。「貢献感」だろうね。

自己受容って難しいですね

――アドラーの定義というか説明と野田さんの説明とでは、若干ニュアンスに差があるように感じます。それは、自己受容、「自分を好きになる」という点だと思うんです。自己受容というのはセラピーのキーワードで、それができている人には実に何でもないことだし、できない人にはとても難しいことだと思うんですが。「思い上がるな」とか「謙虚であれ」とか「反省しろ」という教育を受けていますからね。

――それに、「いつも努力しろ。目標を達成できない自分はだめだ」とか。

そうそう。我々は、理想を設定しておいて、その理想から自分の現状を引き算して自分の価値を決める習慣を植えつけられていますからね。理想を持つことはいいことなんだけれど、理想というのは、実は存在しないんだということを忘れてはいけない。

理想は、我々の頭の中にしか存在しないんだ。客観世界に存在するのは、現実のこの私だけなんだ。このことを忘れて、あたかも理想が客観的に存在するかのように思い、そこから現実の自分を引き算して採点してはいけない。そんなことをすると、いつだって点数はマイナスになってしまうから。

――劣等感。

これが劣等感の定義なんです。理想と現状認識との隔たりの感覚。もっとも、劣等感という言葉は、現代のアドラー心理学では、あまり使いませんがね。

――劣等感っていうのはアドラーが言いだしたのではないんですか。

正確には、アドラーではなくて、ジャネというフランスの精神科医が言いだしたんだけれど、一部では、アドラー心理学のトレードマークみたいに思われていますね。でも、あれはなくてもいい概念なんだ。

——へえ、そうなんですか。

◆治療はゲーム、深刻になってはいけない

ともあれ、自分自身を理想状態から引き算して採点するのはやめないといけない。自分自身だけではなくて、他人についてもやめないといけない。

たとえば、育児をする場合に、理想の子どもを頭の中に置いて、そこから目の前にいる現実の子どもを引き算して採点してはいけない。そんなことをすると、子どもの点数は絶えずマイナスですね。すると、子どもがくじけて、勇気を失ってしまう。

夫婦関係でも同じことです。理想の配偶者から現実の配偶者を引き算してはいけない。面白いケースがあってね。夫婦関係のことで来られた奥さんが、「主人はほんとに子どもっぽいんですよ」って言うのね。どう子どもっぽいかというと、奥さんが駄々をこねると、本気で怒るって……。「男というものは、もっと包容力があって、女が駄々をこねても、それを『おお、よしよし』とするのが男でしょ」って言うの。

これを聞いて私は、「奥さん、浮気してはいけませんよ」って言ってやったの。「浮気なんかしていませんよ」って奥さんは言いますよね。そこで私はすかさず、「いや、浮気しています。あなたは、『理想の男性』という人と浮気をしているんですよ」と

って。

(笑)。「そんな人と不倫をしないで、現実のご主人と仲よくなれる工夫をしませんか」

——それも治療なんですか。

治療はゲームだから、真剣でなければならないが、深刻になってはいけない。ユーモアは、深刻ぶった仮面を引っ剝がすために、とてもよい道具です。

話が少し脇道にそれますが、日本のアドラー心理学では、初級・中級・上級という三段階の資格試験があるんです。初級は筆記試験、中級以上の試験は口頭試問なんです。*

中級以上の口頭試問では、具体的な事例について、そのライフスタイル分析をしてもらったり、治療計画を立ててもらったりすることが多いんですが、そのときによく、「この事例に言ってあげるとよいジョークを二つほど言ってください」っていう問題が出ます。駄洒落を言うと落第。駄洒落ではない、本当のジョークを言えないと合格しないんです。皮肉も落第。皮肉ではない、本物のユーモアの感覚がないと、合格しない。

——日本人はジョークが苦手だから。

だから、中級の試験の合格率は猛烈に低い。

さて結婚したら浮気をしてはいけないです。理想の亭主なんか追い出すことです。

*二〇一六年現在では制度が変更になっていて、「家族コンサルタント」「カウンセラー」「心理療法士」の三つの資格があり、いずれも実技試験のみ。

理想の亭主だけではなくて、理想の自分とも浮気をしないことです。理想の自分なんか存在しないんです。永久に存在しない。理想というものは、地平線のようなもので、追いかけることはできるんだけれども、実際にそこへ到達したときには、もっと向こうにまた見えているんです。永久に人間は理想には到達できない。永久に人間は不完全なままだ。その不完全な自分を引き受ける勇気を持たなければならない。

――理想を捨てると、成長が止まってしまうのではないですか。

理想は我々の道具であって、我々が理想の道具なのではない。私は、理想を捨てろとは言っていないんです。理想を本気にするなと言っているだけなんです。何が現実で何が空想かをはっきりと区別していれば、空想としての理想を持つことは素敵なことだ。

自己受容というのは、だから、理想を捨てることではなくて、何が現実で何が空想かを区別して、空想よりも現実の自分をまず好きになれ、ということなんです。その上で、自ら理想を選びとって、その方向に自らの決断で進路をとれと言っているんです。だから、自己受容しても、人生の流れが止まることはない。人生目標を追求することとは同じなんです。ただ、そこから深刻さがなくなって、いわば遊びとして理想を追いかけることができるようになる。理想は実現してもしなくてもいいんです。ただ、それを追いかけるプロセスが楽しければそれでいい。

——理想の自分というのはありえないんだということを、はっきりと知れということですね。

ありえないとは言いませんが、さしあたっては存在していない。「現に存在していないものと、現に存在しているものの、どちらを好きになりますか」という問いなんだ。今日の百円と明日の千円なら、私は今日の百円を取りますね。大阪人だから(笑)。それに、今日の百円を大事にしない人は、明日の千円はかせげない。

——でも、理想が実現しないとがっかりしてしまうことだってあるでしょう。

実現しないほうがいいかもしれない。生きているうちに、理想が実現してしまうと困ると思うんです。だって、全部仕事が終わって、まだ二〇年も三〇年も寿命があったらどうするんですか。ぼけるしかないじゃないか(笑)。ですから、業半ばにして倒れるというのが、これが人生の妙味ね。

◆与えられた道具で何とかする

——急に現実的な話になりますが、よく、「人前でうまく話ができないから、そういう自分が嫌いだ」って言う人がいるでしょう。自己受容をしていない、そういう人には、どう言ってあげるんですか。

あのね、ゴルフでも、自分が持っている道具を嫌いだったら上達しないでしょう。ゴルフやテニスなら、幸いに、道具を買いかえることもできて、スポーツ用品屋さんはそれで商売をしているわけですが……。

ところが、人生というゲームで使う道具、すなわちこの心と身体ね、それは買いかえられないいんですよ。とにかく、与えられた道具で何とかしないといけない。そうなると、道具に文句を言ってはいけないの。絶対に上達しない。なに、全員欠陥商品なんですよ(笑)。人間はどこまでいっても不完全だ。

——人間は神にはなれない、と。

そうです。人前ですぐに緊張してしまうとか赤面してしまうというあなたを、他のあなたととりかえることはできないんです。そういう癖のある道具をどう上手に使っていくかというのが、あなたに与えられた課題なんです。

およそ、正しい答えがほしければ、正しい質問をしないと返ってこない。「この自分をどうすれば理想の自分と取りかえることができるだろうか」という質問をしている限り、絶対に正しい答えは返ってこない。「この自分をどのように使えば、最もうまく生きていけるだろうか」と問わないとだめだ。

人を信頼するとはどういうことなのですか

――共同体感覚の第二の特徴である「信頼感」について話してください。

私は、「信用」と「信頼」という言葉を使い分けるんです。信用というのは、誰にでもできるが、信頼するというのは難しい。

信用というのはね、たとえば、銀行へ行って、「お金を貸してください」って言ったとするでしょう。貸し付け係の人は、基本的に我々に対して不信感を持っています。「こいつはきっと貸した金を踏み倒すに違いない」と思っている。ただ、我々が、返済能力があることを、たとえば担保物件を示して証明すれば、やっとのことで「信用」してくれます。信じてよい証拠があったときだけ信じるのが「信用」です。

これに対して、「信頼」というのは、信じてよい条件がまったくなくても、頭から信じてしまうこと。白紙小切手を渡して、「あなたなら変な使い方はしないでしょう。自由に使ってください」と言えること。

――それは大変だ、下手をすると倒産する。

私だって銀行マンにそういうことは要求しませんよ。それは虫がよすぎるよね。仕事上のつきあいの場合には、ここで言うような意味での信頼はできなくてもいいでしょう。

私が問題にしているのは、親子関係や夫婦関係や師弟関係のような、愛に根ざした人間関係です。そこでは信頼がなくてはならない。問題児の母親がよく、「子どもに裏切られた」って言うんです。でも、それは違うと思うんです。子どもは母親の信頼に応えたいんだけれど、応え方を知らないか、あるいは信頼に応える自信をなくしてしまっているだけなんだと思う。信頼しつづけてあげれば、やがてきっと応えてくれる。

だから、親や教師には、「子どもにだまされなさい」と言うんです。百回でも二百回でもだまされる覚悟をしておけばいい。親や教師が信じきってだまされれば、子どもは百回も二百回もだますことはできない。疑うから、いつまでもだましつづけるんだ。

――うーん、現実には、なかなかそこまでできないでしょうね。

◆嫉妬深い夫人と嫉妬しない夫人

嫉妬深い奥さんがいたとしましょうよ。ご主人はいつも六時に帰ってくるんだけれど、帰りが三〇分でも遅くなると、その奥さんは半狂乱になる。ご主人は、「お前、考えてもみてごらん。三〇分で浮気ができるわけがないだろう」と言うんだけれど、奥さんは、「わからないわよ。あなた早いんだから」(笑)。

あるときご主人は、会社の部下の女性から相談を持ちかけられて、助平心半分で相談に乗っているうちに、ついうっかり夜の八時ごろになってしまったとする。相手の女性は、ひと声誘えば落ちそうな雰囲気だ。彼はきっとこう考えるでしょう。「もし、今からこの女性とホテルにでもしけこんで、夜遅く帰ったら、女房はきっと、『あなた、浮気していたんでしょう。くやしいっ!』と言って私を殴るだろう。もし、今このまま帰っても、女房はきっと、『あなた、浮気していたんでしょう。くやしいっ!』と言って私を殴るだろう。とすれば……」

この男は、どちらを取ると思いますか。

――たぶん浮気するでしょうね。

そうでしょうね。さて、この夫婦の隣に別の夫婦がいましてね、ここの奥さんはまったく嫉妬しないんです。ワイシャツに口紅が付いていたって、「満員電車で付けられたのね。毎日ご苦労さま」というふうで。

――はあ、そういう女性が本当にいたらいいんですがね(笑)。

さて、ここのご主人も、先ほどのご主人と同じように、会社の若い女性に相談を持ちかけられましてね、夜の八時ごろになってしまったんです。彼はきっとこう考えるでしょう。「もし、今からこの女性とホテルにでもしけこんで、夜遅く帰ったら、女房はきっと、『あなた、遅くまでお仕事お疲れさま』と言って優しく迎えてくれるだろう。もし、今このまま帰っても、女房はきっと、『あなた、遅くまでお仕事お疲れさま』と言って優しく迎えてくれるだろう。とすれば……」。

さて、この男は、どちらを取ると思いますか。

——たぶん浮気するでしょうね。

そうでしょうね。ここまでは同じかもしれない。でも、これが度重なってくると、浮気を続けるのはどちらで浮気をやめるのはどちらか。嫉妬しない奥さんの亭主は、きっとそのうち浮気していられなくなります。浮気して帰っても、「遅くまでお仕事お疲れさま」とにこやかに迎えられたのでは、たまったものではない。どんな男も、こういう女は裏切れない。

——だんだんかわいくなってきますね。

◆だまされることを覚悟する

こういう女房を持つとかなわないね……。信頼って何かわかりましたか。

——ああ、そうか。奥さんがご主人を本当に信頼しきってだまされ続けると、ご主人はその奥さんを裏切れなくなる。

だまされる覚悟をすること。配偶者や子どもには、一生だまされ続けるのだと決断すること。それが信頼。そうしていると、相手は信頼に応えずにはいられなくなる。こちらが向こうを信頼しきるときに、はじめて向こうはこちらを信頼してくれるようになる。我々のほうがまず相手を信頼しなければ、相手は絶対に我々のことを信頼してくれない。

たとえば、親や教師は、子どもが彼らの気に入らないことをすると、「信頼を裏切られた」とよく言いますよね。そういう親や教師は、子どもを信頼していたのではなくて、ただ、子どもたちが彼らの好みに合う行動をしているあいだだけ信用していただけなんです。彼らの期待を子どもに押しつけていただけなんです。先ほどのたとえの銀行マンと同じで、基本的には不信感に凝り固まっているんです。それでは裏切られて当たり前。

——頭ではわかるんですけれど、実行するとなるとなかなか難しいですね。

そういうことをアドレリアンに向かって言うと、「要するに、あなたは、やりたくないんですね」と言われますよ(笑)。

子どもたちは、悪意で親や教師の気に入らない行動をしているのではない。子どもたちだって、幸福になりたいし、社会とうまく折りあいをつけて暮らしたいし、他人を傷つけたくはないんです。そのことと親や教師の押しつけとが矛盾するときに、ある子どもたちは自分の信じる道のほうを選ぶんです。それはとてもよいことだと思う。親や教師の言いなりにならないで、自分で自分の人生を選ぶことは、とても勇気のいることだし、正しいことだと思う。

◆子どもの選んだ道が間違っていたとしても

――でも、子どもが選んだ道が間違っていることだってあるでしょう。

確かに子どもたちの選ぶ道が、本当によい道であるかどうかはわからない。もっとも、親や教師の押しつける道のほうも、本当によい道であるかどうかわからない。それにね、人間は失敗したときにこそ学ぶんです。子どもたちがある生き方を自ら選んで、そして失敗したのであれば、子どもたちはその失敗から多くを学ぶだろう。子どもたちが親や教師の言いなりになって失敗したのであれば、「お前たちのせいで失敗した」と言って、失敗の責任を親や教師になすりつけて、自分は何一つ学ばないままで終わるだろう。仮に親や教師の言いなりになって成功したとしても、「私は自分の力では問題を解決できない人間だ」と感じて、自信を失ってしまうだけだろう。

――若い世代を、どこまで信頼するかが問われているわけですね。

非行少年のやっていることも正しいのですか

アドラーと同時代の、グスタフ・マーラーという作曲家が好きなんですが、彼のところへ若い作曲家たちが遊びに来ると、いつも激しい論争になってしまうんですって。マーラーは、どちらかと言うと保守的な音楽を書いた人ですから、当時の前衛的な若手たちには同意できなかったのね。でも、若い人たちが帰ったあとで、いつも彼は、「彼らのほうが正しいに違いない。なぜなら彼らのほうが私より若いんだから」と言ったんですって。原則を言えば、若い人たちは常に正しい。次の時代はその人たちがつくるんだから。

――でも、非行少年などはどうなるんですか。彼らのやっていることも正しいんですか。

人間は、悪いことを覚えたから悪いことをするのではない。いいやり方を知らないから悪いことをしてしまう。すべての行動は結局は善意の意図で行なわれる。

人生の究極的な目標は、必ず善なるものなんですよ。だってそうでしょう。もっと不幸になりたい、もっとみじめになりたいと思って暮らしている人なんかいないんだから。もっと幸福になりたいと思うのはいいことでしょう。非行少年たちだって、不幸になりたいわけではないし、親や他人を不幸にしたいわけではない。ただ、どうすればうまく生きていけるかを知らないから、困ってしまって変なことをしているだけなんだ。目的は善で、ただ手段が不適切なんだ。

――偉大な楽観主義。

人に信頼を説くアドレリアンが人を信頼しなくてどうするんですか。子どもは親や教師や他の子どもを傷つけることを目的に行動することはないんです。彼ら自身の幸福を求めて行動するときに、たまたま副作用で親や教師や他の子どもを傷つけてしまうことはあるかもしれません。それは、他人を傷つけないで自分の要求を通す方法を知らないから。

——他人を傷つけないで自分の要求を通すというのは難しいでしょうね。

そう難しくはない。それはただの技術なんです。系統的に学ばなければならないが、学びさえすれば誰でも身につけることができる。

人間関係をテーマにしたワークショップをすることもあるんですが、それに参加していただくと、人を傷つけずに自分を主張することがとても上手になりますよ。

◆反抗的な子どもはいない、強圧的な大人がいるだけ

——でも、子どもが反抗的になって、わざと親や教師を傷つけようとすることもあるでしょう。

その前に親や教師が子どもをたっぷりと傷つけておけばね……。はじめから反抗的な子どもなどというものは存在しないんです。はじめに存在しているのは、強圧的な大人です。大人が子どもにさんざんひどいことをするから、子どもがたまりか

ねて反抗するんです。

——でも、反抗期って言うでしょう。

強圧的な大人がいなければ、子どもは反抗しない。アドラー式の育児をしていれば、思春期になっても子どもは反抗的にはならない。

——いつも従順なんですか。

アドラー式の育児は、自立した人間、つまり生意気な人間をつくろうとしているんだから、従順なわけはないでしょう。

大人がどう言おうと、アドラー・キッズたちは、彼らが正しいと信じていることをしていますよ。ただ、大人がそれに不当に口出ししないから、破壊的な復讐的な反抗をしない。

——親や教師がまずい扱い方をするので、子どもたちが反抗的になるんですね。

そうです。

——アドラー式の育児で育った子どもはさておいて、世の中で普通に見られる、手におえない悪ガキたちも、善意で動いていると言えますか。

復讐的になっている子どもたちだって、その根本的な意図は、親や教師ともっといい関係を持ちたいということだと思うんです。とすると、意図は善ですね。

ただ、彼らは、その意図を建設的な平和的な手段では実現できないと感じて、破壊的な行動を選んでいる。もし破壊的な反抗をしないでいると、完全に支配されてしまうのではないか、あるいは完全に見捨てられてしまうのではないかとおそれている。

大人と関係を保ちながら、しかも自分の領域を侵されないでいるための、彼らに思いつく唯一の方法として、破壊的な反抗を選んでいる。手段がよくないだけなんだ。手段は学べば身につく。手段を知らないのは悪ではありません。無知は悪ではない。教えなかった大人の責任だということさえできる。

——よく、「優しくしているとなめられる」なんて言うでしょう。あれは間違った考え方ですか。

ケース　優しい保育士

それは実際に起こることがある。どんな場合に起こるかというと、今まで罰で教育していたのが、急に罰をやめたら、どうしていいかわからなくなって、変なことをやりだす。

ある保育士が相談に来られたんです。彼女の職場では、一つのクラスに担任が二人いるんだそうです。もう一人の保育士はとても強圧的な人で、子どもたちはなついていないんだけれど、彼女のほうは優しい人なので、子どもたちはなついてくれている。問題は、こわいほうの保育士が、たまたま休暇をとったりすると、クラスの中が無茶苦茶になってしまうんですって。

――優しいものだから、子どもたちになめられているんですね。

上司からもそう言われるんですって。それが彼女の悩み。ファシズム体制が急になくなると、無政府状態になってしまう。「優しくしているとなめられる」というようなことが起こるのは、元々がファシズムだったときのことです。

――なるほど。ところで、その優しいほうの保育士はどうすればいいんですか。

それはここでの問題とはちょっとずれるんだけれど、彼女自身のやり方にも問題があるのね。彼女はただ優しいだけで、子どもたちのすることを何でもかんでも認めてしまうんです。それでは教育はできない。正しいやり方を積極的に教えないとね。彼女のやり方は放任だ。

――強圧的にならないで、しかも正しいやり方を教えなければならないと。

強圧的になったのでは、何一つ教えることなんかできない。子どもたちは恐怖心で行動するようになって、自分の力で人生の問題を解決する力を失ってしまう。縦の関係では教育はできない。横の関係があってはじめて教育が可能になる。

貢献感とはどういうことですか

――次に、貢献感について説明してください。

自分のことが好きで、世界を信頼していても、「自分は役立たずだ」と感じていると、幸福にはなれないのね。ある患者さんにこのことを教えてもらったんです。

ケース　アルコール依存症の若旦那

その人は中年の男性なんだけれど、大金持ちの一人息子で、彼がまだ大学生のころにお父さんが亡くなって、財産と会社を相続したんです。

会社というのは、先祖代々ある仕事をしていたんですが、お祖父さんの代に会社組織にしたものなんです。お父さんの死後、会社の番頭さんたち、今は専務さんたちなんですが、その人たちがやってきて、「若旦那、会社は我々がちゃんとやりますから、出勤していただかなくて結構です。給料はちゃんとお渡ししますから」と言うんです。先祖代々の番頭さんたちだから、信頼はできるんです。

そこで彼は、名前だけの社長になって、のうのうと暮らしはじめたんです。大学を卒業してからも、会社へ出勤したところで仕事もないし、番頭さんたちも何となく煙たそうにするので、ぶらぶら遊んで暮らしたんです。飲む・打つ・買うにうつつを抜かして暮らしたんだけれど、博打は才能がなくて負けてばかりで面白くないので、すぐにやめた。女遊びもやがて飽きがきてしまってやめた。

あとに残ったのがお酒なんです。お酒だけが彼と遊んでくれたのね。やがて彼はアルコール依存症になって、肝臓を悪くして、内科の先生の紹介で私のところに来ました。こういう依存症は治らないね。だって、彼は、この世にいなくてもいい人なんだもの。彼は自分のことは嫌いではありません。番頭さんをはじめ、周囲の人を信頼してもいます。ただ、自分は穀つぶしだと感じているのね。誰の役にも立っていない。お酒を飲まないで素面(しらふ)でいると、そのことが感じられてつらいんです。

――お酒を飲んでいるときだけ、彼は幸福になれたということですか。

人間は貧乏性にできているんですね。仕事をしないではいられない。自分が役立たずと感じると不幸になってしまう。

ケース 認知症の老人

あるおばあさんがぼけましてね。それまではしっかりしたおばあさんだったのに、ただぼうっと一日中テレビを見て暮らすようになってしまったんです。このおばあさんは、「せめて孫が大学に入るまで」と思って頑張って生きておられたんです。孫が大学に入ると、「角帽姿を見せてくれ」と言って、孫が困ったんですって。今はもう、応援団でもなければ角帽なんか被らないものね。でも孫は角帽を買ってきて被って見せてあげた。すると次は、「せめて孫が大学を卒業して就職するまで」。孫が大学を卒業すると、今度は「せめて孫が結婚するまで」。結婚すると今度は、「せめて曾孫の顔を見るまで」。無事曾孫の顔を見ると、今度は、「せめて曾孫が小学校に入るまで」です。

人間はこのように、人生目標に達するや、ただちにそれを引き上げるんですね。さて、曾孫が小学校に入ると、もう彼女には目標がなくなってしまったのね。「この世にはもう私にできる仕事がない」と思ったんでしょうね。彼女は自分のことを役立たずと感じるようになってしまった。そうして急速にぼけてしまったんです。何も心配がなくなった途端に、一日中ぼうっとテレビを見てすごすしか、することがなくなってしまった。

さて、二年ほどそういう暮らしをしてから、そのおばあさんは亡くなったんですが、亡くなったあと、その家族の中が何だかぎくしゃくしはじめました。それまでは、おばあさんの存在が、天皇陛下みたいに、家族統合の象徴だったのね。それがなくなったものだから、何となくしっくりいかなくなってしまった。

——ふむ。

このおばあさんは、ぼけてテレビを見ていただけだったけれど、立派に貢献していたんですね。もし家族がそのことに気がついていて、絶えずおばあさんを勇気づけしてあげていれば、あるいはぼけなくてよかったかもしれない。何だかそう思えるんです。

私がここで言いたいのは、貢献感というのは、主観的な感覚であるということ。実際に貢献しているかどうかよりも、「私は人々の役に立っている」という感じを持てればそれでいいんだということです。

生産性で人間の価値をはかってはいけない。このおばあさんは、自分の価値を自分の生産性ではかる習性を身につけていたんでしょうね。子どものころからそのように教育されますからね。最後にもはや生産的ではいられなくなったときに、彼女は悲しくなってしまって、そして現実を見ないでおこうと決心してしまった。

――ぼけたということですか。

そうです。老人のぼけは、脳の老化もあるけれど、心理的な要因もあると思うんです。

それはさておき、我々はもう少し「無用の用」ということを学ばないといけない。良寛さんだとか三年寝太郎だとか、日本人は「無用の用」の素敵なモデルをたくさん知っているんですからね。

良寛さんは、何もしないで子どもと遊んでいるみたいだけれど、何だか不思議な貢献感を持っていた人だと思うんですよ。彼の書いたものを読んでいると、それがよくわかる。たとえば、「袴は短かすぎるし上衣は長すぎる。いつも、のほほんと馬鹿みたいにただ歩いているだけ。すると、道で遊んでいる子どもたちが私を見つけて、手を叩いて一斉に手まり唄を歌いだす」なんてね。* 彼、とてもうれしそうでしょう。

——自己受容と貢献感とは、何だか似たところがありますね。

「私は自分のことが好きだ」と言えるためには、「私は役に立つ人間だ」と感じていなければならない。また、「役に立つ」相手はこの世界なんだから、世界が好きでなければならない。嫌いな世界に対しては役に立とうとは思わないでしょう。

自己受容と他者信頼と貢献感とは、実は同じものなんです。共同体感覚という一つのものの三つの側面を言っているだけなんだから。「私のいとしい私」と言える人だけが「私のいとしい世界」と言える。「私のいとしい世界」と言える人だけが、「世界に必要とされている私」と感じることができる。そして、そういう人に対してだけ世界は、「私のいとしいあなた」と言ってくれる。共同体感覚とは、このような、私と世界とのエクスタティックな交感（コミュニオン）なんです。

——うわー、神秘的だなあ（笑）。

今まで言ってきたことを、別の言葉で言っただけですよ。

*「裙子は短く褊衫は長く
騰々兀々として只麼に過ぐ
陌上の児童忽ち我を見て
手を拍って争って唄う拋毬歌」
良寛『騰々』

Q 13. 共同体とはどういうものですか

――アドラー心理学で言う共同体と、現実の社会とは同じものだと考えていいんですか。

まったく違う。まったく違うんです。共同体の定義については、アドラー心理学内部でも意見の相違はあるんですが、現実のこの社会だと思っている人は一人もいない。

――とすると、架空のものですか。

もし共同体を客観的な領域として定義するならば、一番狭い定義が人類全体なんです。過去・現在・未来のいっさいの人類なんです。だから、共同体感覚というのは、アダムとイブにまで、あるいはイザナギとイザナミにまでさかのぼるご先祖さまから、はるかな未来の子孫に至るまでの、すべての人類の一員であるという感覚。これが共同体感覚の最も狭い定義です。

――それだけでも、結構広い。

この定義をしたのは、アドラー心理学のシカゴ学派の創始者であるルドルフ・ド

＊ドライカース（Rudolf Dreikurs 1897–1972）オーストリア生まれのユダヤ人の精神科医。アドラーの生徒となってのち、アメリカに渡りシカゴを中心に活躍して、アドラー亡きあとのアドラー心理学を背負って立った。著書に『子どものやる気』（創元社）などがある。

＊＊「共同体感覚は、単に、あるグループやある階級への所属の感覚、ないしはある民族（なり国家なり）への忠誠心を意味するのではない。この点で、アルフレッド・アドラーの考えは、しばしば誤解されている。グループ間の利害はしばしば対立する。そのような複雑な状況下では、共同体感覚は、より上位のグループの利害に立脚すべきである。……我々は、人々が、全人類を包含した一つの共同体（と

ライカースです。[**] 彼は徹底した実務派だから、大風呂敷は広げないんです。私は彼の高弟のバーナード・シャルマンの弟子なんですが、シャルマンから聞いたところでは、ドライカースの言う「全人類」というのは、現在生きている人々だけではなくて、過去・現在・未来のいっさいの人類のことなんですって。ともかく、これが一番狭い定義。

――一番狭くて人類全体……すると。

　最大の定義は、全宇宙。生きているものも生きていないものも含めた、この宇宙全体。

――アドラー心理学全体としてそういう見解をとるんですか。

　この宇宙全体を共同体としてとらえたのは、ウェクスベルクとかウェイといった人たちです。[***] その定義に基づいて共同体感覚を定義するならば、「宇宙意識（コスミック・フィーリング）」とでもいうようなものになりますね。いずれにしても、共同体感覚というのは、いわゆる社会性とか社会適応というような、みみっちい話ではないんですよ。

――そうなんですか。今まで誤解していました。

いう概念）を発見できるように、あらゆる援助を惜しまないものである」

Dreikurs, R.: Fundamentals of Adlerian Psychology. Alfred Adler Institute of Chicago, Chicago, 1953. ドライカース・R『アドラー心理学の基礎』（宮野栄訳、一光社）

＊＊＊「（アドラーは）共同体なり共同体感覚なりという言葉を、人間の共同体に限局してはおらず、我々が関係するもの一般の意味で用いている。……アドレリアンの中でも、特にウェクスベルクは、拡張された共同体の概念を採用した人である。彼は、『人間だけに関係していたのでは、我々は自己の壁を超越することはできない。自己を拡張し、さらには自己を忘却することができるのは、自然の中において

◆アドラー心理学は単なる社会適応の心理学ではない

よく、「アドラー心理学は社会適応心理学だ」って言われるんだけれど、あれは違うの。ものすごい翔んでいるの。はじめからそうなの。アドラーのときからそうなんです。共同体の概念を、絶えずこういうレベルでとらえないと、アドラー心理学はたちまちファシズムになってしまいます。

――と言いますと。

つまり、貢献しろだとか信頼しろだとかいった言葉を、現実の国家体制が言うと、それはファシズムです。貢献だとか信頼だとかは、強要できないものなんですよ。アンスバッハーは、「共同体感覚とは愛である」と言っています。* 愛は強要できません。愛国心を強要するのがファシズムであるように、貢献や信頼を強要するのもファシズムです。

なるほど我々は、社会のルールということをやかましく言います。でも、それは、一つには、ファシズムに反対するためであり、また一つには、我々がまだ未熟で、共同体感覚が充分でないから、ルールなしでは暮らせないからなんです。

我々が言っているのは、内側から自然に流れ出る、生きとし生けるものへの、さらにはコスモスである宇宙への愛なんです。そういうものを、人に強要することはできない。ただ、我々がそのように生きるしかない。

である。共同体の中には、無生物も含まれるべきである』と述べている。
　また、ルイス・ウェイも、『共同体という言葉には、人間社会だけではなく、全宇宙との同一化の態度が内包されている。共同体という言葉には、人間仲間への愛だけではなく、自然への愛が、さらには、無生物への愛さえも包含されている。それは、すべての命あるものたちへの、大地への、海への、大空への、我々の美意識に基づく親近感である。……それは、交感（コミュニオン）の感覚、本質的に我々に好意的な宇宙との交感の感覚である』と述べている」
Ansbacher, H. L.: The Concept of Social Interest. J. Individual Psychol., 24(2), 131–149, 1968.

*「アドラーは、性愛のことを

――私はまた、社会のコモン・センスを守るというレベルのことだとばかり思っていました。

コモン・センスというのはアドラーが愛用した言葉なんだけれど、そのコモンというのが、宇宙全体に、少なくとも人類全体に、共通（コモン）ということなんです。

アドラーをはじめ、戦前のアドレリアンの多くがユダヤ人とドイツ人だったことを考えなければなりません。彼らはナチに対して態度決定をしなければならなかった。ドイツ国民として、ナチ体制下のドイツ国家のルールを守るのか、あるいはそれに抗議するのかを、彼らは共同体感覚の見地から決めなければならなかった。そして、全員が「ノー」を言って、アウシュビッツで死んだんです。それは、そのとき起こっただけでなく、今後ともいつでも起こりうることです。現実社会のルールと共同体感覚とは、ときに鋭く対立します。そのときアドレリアンは、常に共同体感覚の側に立ちます。

――共同体感覚に、そんな厳しい歴史があるとは知りませんでした。

アドラー心理学は、アウシュビッツで一度滅びたんです。

――ところでアドラーは何だって、あの厳しい時代にそんなことを考えついたんでしょうね。

それはアドラーの個人史をたどると必然的な結末であることがわかります。

言う場合を除いて、愛という言葉を使うことを一般に避けていたが、共同体感覚という言葉に、愛のさまざまな様相をすべて包含させていた」Ansbacher, H. L.: The Concept of Social Interest. J. Individual Psychol., 24(2), 131–149, 1968.

彼は若いころは、社会主義者だったんです。ほとんどマルクスに近い立場だった。つまり、今の社会は具合が悪いというのが、彼の基本的な出発点だった。そこで、この社会を何とか改善しなければと思っていた矢先にロシア革命が起こったんですが、彼はボルシェビキのやり口にひどく失望したんです。

それで、我々の社会を変革するためには、政治的な革命ではだめだ、個人個人の成長しかないんだ、と確信するようになったんです。そうしてアドラー心理学が今日のかたちをとりはじめた。それゆえ、アドラー心理学の基盤に、現実の社会体制への厳しい批判がある。

だから、患者さんを無理やりに今の社会にあてはめる仕事はしたくない。では、どこへ持っていくのか……。それが共同体。いつでも社会適応が問題ではなくて、共同体への適応、共同体への復帰と言ったほうがいいかな、それが問題なんです。

どうすれば理想的な共同体を建設できるのですか

——復帰すべき共同体は、すでに存在しているんですか。私にはそうとは思えないけれど……。

客観的な共同体は、今現には存在していません。現に存在するのは、問題だらけの社会だけです。近々共同体が実現することもありませんし、おそらく永久に現実のものにはなりません。今であれ未来のいつかであれ、共同体がこの地上に存在するだろうとは、私は思わないんです。

——共同体的な社会を建設するというようなことは考えないんですか。

私はユートピア主義者ではない。ある意味では、共同体は今も存在していると思うんですよ。我々は、ゆっくり考えさえすれば、何が共同体に対して建設的であり、何が破壊的であるかを、わかることができる。すなわち共同体は、我々の中にすでにあるのです。

共同体は、カタチとしてのモノとしての人類なり宇宙なのではなく、それらに向かう我々の態度の中にあるんです。「私のいとしいあなた」と我々が世界に向かって言うとき、世界は「私のいとしいあなた」と我々に言い返してくれる。それが共同体なんです。共同体は外的な制度としてではなくて、我々の内的な構えの中に生まれるんです。だから、共同体は外の世界に建設するものではなくて、我々の中に発見するものなんです。もっとも、アドレリアンの中にも、このことがよくわかっていない人もいるようですがね。

——それは、わかりにくいでしょうね。禅問答に近い。

そうですか。共同体よりも前に共同体感覚がある。全存在への愛があり、全存在からの愛がある。それだけのことです。

アドラー心理学の鍵概念のすべてがそうであるように、共同体とはモノではなくてコト、カタチではなくてハタラキ、客観的存在ではなくて主観的意味づけなんです。

◆木はいつ完成するのか

――わかりました。では、どうすれば共同体を見つけだすことができるんですか。

アドラーは、「共同体感覚は生まれながらの可能性であるが、意識的に育成されなければならない」と言っています。* この言葉の解釈をめぐって、私は異端的なんです。

まず「可能性」というのはどういうことか。ずっと前に、あなたが自己実現について質問されたときのことを覚えていますか（二一四ページ）。

――可能性はモノではなくてコトだというようなことですか。

可能性というのを、植物の種子が、やがて芽を吹き、木になり、花を咲かせ、実を結ばせる可能性を持っているというようなものだととらえる人がいる。オーソドックスなアドレリアンもそう考えているのではないかな。

けれど、それは違うと思うんです。種子の中に芽や木や花や実がひそんでいるわけではない。かといって、種子の中に「可能性」というモノが隠れているわけでも

＊「共同体感覚は完成した形で生まれながらに備わっているものではなく、意識的に育成されなければならない生まれながらの可能性である」
Adler, A.: Problems of Neurosis. Harper & Row, New York, 1964 (original 1929).
アドラー・A『人はなぜ神経症になるのか』（岸見一郎訳、アルテ）

ない。可能性があるということは、その時点で絶えず完成しているということ。さらに、完成しながら、なおいつだって成長しているということ。

——完成というのは、どういうことですか。

鋭い指摘ですね。それがポイントなんです。木はいつ完成するのか。木は枯れるまで成長しつづけます。木の一生のいつが、その木が完成している瞬間なのか……そんな瞬間なんかないんです。いつだって未完成だし、いつだって完成している。種子はすでに完成しているし、芽は完成しているし、木は完成しているし、花は完成しているし、実は完成している。そして同時にすべてが未完成だ。わかりますか。

——ええ。

人間はいつ完成するのか。いつだって完成しているし、いつだって未完成だ。完成とは、成長が止まることではない。変化がなくなることではない。それだったら死んでしまっている。生きていながらなお完成しているというのは、同時に未完成でいるということだ。

——私はいま私として完成していると。

アドラーは、「共同体感覚は生まれながらには完成していない」と言っているけれど、それは間違いだ。

——アドラーが間違っていたんですか。

彼だって不完全な人間だから、しょっちゅう間違いますよ。

ともあれ、「共同体感覚が可能性としてある」ということは、共同体感覚はすでに完成していて、ただそれを認めさえすればいいのだということだと、私は解釈しているんです。完成して機能しているんだけれど、忘れている。だから、思いだしさえすればいい。

同様に、共同体のほうも、実はすでに完成して存在しているのだけれど、我々はそのことを忘れている。だから、思いだしさえすればいい。ラマナ・マハリシふうに言うと、共同体がまだないという思いこみを捨てさえすればいい。

◆共同体は建設されるのではなく発見されるもの

どうもわかってもらってないようにも思うんだけれど、まあいいや（笑）。次へいきましょう。

次は「共同体感覚は意識的に育成されなければならない」という言葉ですが、意識的とは、いったい誰の意識なんだろう。アドラーは、親や教師などの意識的な努力を言っていたことは明らかです。でも、私は、本人自身の意識だと思う。我々自身の目覚めが必要なんだ。我々自身の共同体感覚は、結局は我々自身の力で発見するしかない。親や教師は、援助はできるかもしれないけれど、それは馬を水辺に連れていくようなもので、水を飲むのは馬自身なんだ。

——野田さんが「目覚め」というのは、宗教的な覚醒のことでしょうか。

「宗教的な」という言い方には抵抗がありますが、瞑想的な覚醒のこと、「今ここで」へのアウェアネスのことだと理解してもらっていいですよ。

共同体感覚の発見には、「今ここで」への目覚めが絶対に必要だと思います。我々が我々の内側と外側とを目覚めて見届ければ、そこに共同体感覚はすでに完成したかたちで発見できる。

——やっぱり、宗教的だなあ。

私は宗教的なことを言っているつもりはまったくないんです。ここには神も仏も関係ない。ただ「私の愛する私」と「私の愛する世界」と「世界の愛する私」のことを言っているだけなんですよ。それを実感するには、ともかくしっかりと目覚めていなければならないし、また、目覚めていさえすればいい。目覚めてさえいれば、「当処すなわち蓮華国」なんですよ。

アドラー心理学と東洋思想との関係は

——やっぱり宗教的だ(笑)。とても西洋の心理学の話を聞いているとは思えなくなってきた。

西洋とか東洋とかにこだわらないで。そういう区別はもう過去のものなんですよ。我々はそういう世代なんです。

考えてみると、我々が、西洋に対する劣等感を持っていない日本人の第一世代かもしれないね。明治以来の西洋コンプレックスは、私には馬鹿げて見えますもの。その分だけ、東洋のものもよく見えるし、また特別に尊いとも感じない。西洋コンプレックスの裏返しとしての東洋至上主義も馬鹿げている。

――コスモポリタンというわけですか。

コスモポリタンねえ。それもあまり好きな言い方ではないんだけれど……。

――ということは、日本人としてのアイデンティティを尊重すると。

日本人としてのアイデンティティ？　そんなもの、ひとかけらも持っていませんよ。非国民なんだ（笑）。

コスモポリタンというのも一つのアイデンティティだからいやなんです。私は何かの団体に同一化（アイデンティファイ）したくないの。それはすなわち疎外だから。

――アイデンティティを持つのは必要なことのように言われていませんか。少なくともセラピーの上では。

それが我々の不幸のはじまりなんです。何かに同一化していないと不安なのは、神経症的です。

――アイデンティティを持てないのが神経症ではないんですか。エリクソンはそう言っていますが……。

それが社会適応論です。家族への愛着、会社への忠誠、国家への帰属……。それがファシズムの温床なんです。

私は誰であるか。私は野田俊作ではない。私の名前が野田俊作なんだ。私は医者ではない。私の職業が医者なんだ。私は男ではない。私の性別が男なんだ。私は日本人ではない。私の国籍が日本なんだ。それでは私は誰なのか。

――誰なんですか。

ラマナ・マハリシによると、それがわかれば悟るんですって（笑）。

◆自己と世界の間に対立はない

それはさておき、ここで共同体感覚の立場から見ると、私と世界との間には矛盾や葛藤は実はないという話をしておきたいんです。共同体感覚に目覚める以前は確かに自分と世界とは対立しているように見えるんだけれど、ひとたび共同体感覚に目覚めると、その対立は幻想だということがわかる。

――自分と世界とは対立しているという感覚に、私などがんじがらめになっていますね。そして、それは苦痛をもたらすんです。

前に、「心の内側にはいっさいの葛藤はない。心の内側に葛藤があると思うのは幻想だ」というようなことを言いました。それと同じように、心の外側、つまりこの宇宙にも葛藤はない。宇宙は一つの有機的な統一体なんです。完全にバランスのとれた調和宇宙（コスモス）なんです。つまり、共同体なんです。

――そうだと思いたい。

宇宙に対立がないとすれば、その一部である我々の自己と宇宙との間にも対立はない。「心の内側には葛藤はないが、自己と世界との間には葛藤がある」と前に言いましたが（二〇一ページ）、あれは嘘なんです。あの時点ではああ言わないとわかってもらえなかっただろうからああ言ったけれど、本当は世界と自己との間には何一つ対立はない。対立だと思っているものは、自己が勝手にそう決めつけているだけで、本当は対立なんかない。

◆トランスパーソナル心理学との接点

そもそも、自己と世界との間には境界なんかないんだ。自己と世界とを分けるのは、一つのヨウカン（羊羹）を二つに切って、こちらがヨウでこちらがカンですと主張するのと同じような、人間の恣意なんです。

別のたとえをすると、野原の真ん中に立って、自分のまわりの地面に丸を描いて、

「これより内側は自分、外側は世界だ」と主張しているようなものです。人間がその浅知恵で何をしようとも、野原は連続した一つの平面であって、そこに住んでいるウサギもチョウも、人間の描いた丸なんか気にしないで往来する。

――何だか仏教の話を聞いているみたいですね。

実際、自己と世界との間の葛藤を認めない点で、私のアドラー心理学は、アドラーのアドラー心理学ではない。むしろ、ケン・ウィルバーなんかのトランスパーソナル（超個）心理学に近い。

ちなみに、トランスパーソナル心理学というのは、アドラーにはじまる人間主義心理学と東洋思想とが習合したものです。私のアドラー心理学はもはや古典的なアドラー心理学ではありません。あなた好みに言うと、東洋化したアドラー心理学というところですかね。それはそれでいいと思うんです。古式ゆかしいアドラーのアドラー心理学の伝統を墨守することなんか、何の意味もないと思うから。

さて、それはそれとして、皮膚の内側を自己、外側を世界といって区別するのは、我々の浅知恵なんだ。実は自己なんか本当はなくて、存在するのはただ我々が共同体と呼んでいるこの全体だけなんだ。我々はその有機的な部分であるにすぎない。ちょうど我々の身体が一つの有機的な統合体であって、個々の細胞がその部分であるようにね。

私の胃粘膜の細胞が私との間にいかなるトラブルも持たないように、私はこの世界といかなるトラブルも持たない。もし私の胃粘膜の細胞が私に楯突くとしたら、それは癌細胞と呼ばれます。もし私が世界に楯突くならば、私は世界の癌細胞になってしまう。

——私も含めて、世の中、癌細胞が結構多そうですよ。

デカルト以後の西洋人たちは、そうして癌化していったんです。今みたいなことをしていると、我々人間が世界を滅ぼしてしまうか、あるいは世界が我々に対して免疫機構を働かせて我々を滅ぼしてしまうかのいずれかしかない。もう一度、世界との深い交感（コミュニオン）の中へ還っていかないと、すべてがだめになってしまう。

——それがアドラー心理学の結論なんですか。

アドラー心理学が予感的に知っていて、私が意識化したことです。でも、国際学会などでこのことについてよく一席ぶつし、このことについて外国語で論文も書いているので、*だんだんオーソドックスな見解になりつつあるように思いますが……。

さて、前にも「共同体は現実の社会ではない」と言ったでしょう。ここまでくると、その意味がはっきりとおわかりになると思う。現実の人間社会は地球という生命体に発生した癌なんです。今や、それはますますはっきりしてきていると思う。我々は、我々の親たちの生き方にノーを言わなければならないんです。我々の親た

* Noda, S.: Buddhismus und Individualpsychologie. Zeitschr. f. Individualpsychol., 10(4), 212, 1985.
および
Noda, S.: The Concept of Holism in Individual Psychology and Buddhism. J. Individual Psychol., 56(3), 285, 2000.

ちが受け継いできたあらゆる文化、あらゆる伝統、あらゆる道徳を、一度根底から疑ってみなければならないんです。我々に刻印された条件づけから、一度脱却してみなければならない。そうでないと、我々自身もまた癌細胞になってしまう。

◆子どもたちが問題を起こすのは道のはからい

——そろそろ新しい生き方をはじめないといけない。

それがどういうものだか、まだよくわからないんですけれどもね。壮大な実験をはじめなければならないように思う。そういうところまで来てしまったんだと思う。我々は三秒間で地球を破壊することができるところまで来てしまったんです。そのスイッチを握っている人々は、恐怖心で行動している古いタイプの人間なんです。これはおそろしいことですよ。

——ええ。

けれども、核兵器反対のデモをかけてみても仕方がないと私は思うんです。政治でもっては事態は変わらない。私はベトナム戦争の時代に学生だったでしょう。そのころもう、アメリカも馬鹿だし解放戦線も馬鹿だし、べ平連も馬鹿だし過激派も馬鹿だと思っていた。政治からは、もっと悪い政治しか生まれない。

——医学生野田俊作は異端だった。

それは正確な言い方です。アドラー心理学の立場は面白いの。西洋的な価値観である自由・平等・平和とかには全面的にイエスを言いながら、西洋的な雰囲気である政治にはノーを言うのね。雰囲気にノーを言うのだから異端です。

――ではどうすればいいんでしょうね。手詰まりでは。

唯一の鍵は、我々一人一人の目覚め……。我々自身が目覚めること。我々の子どもたちの目覚めを援助すること。

――間に合いますか。

知りません。間に合うか合わないかは、私の仕事ではないから。それは人間の仕事ではなくて、道（タオ）の仕事。

でも、状況はそんなに悪くないとも思うんですよ。というのは、子どもたちの問題がどんどん増えているでしょう。これはいいことだ（笑）。

――いいことなんですか。

子どもが問題化するのは、子どもだけではなくて、親にとっても教師にとっても、それまでの神経症的な暮らし方から脱却する貴重なチャンスなんです。子どもの問題が増えているのは、きっと道（タオ）のはからいなんだ。子どもたちが問題を起こすのは、「人類よ、癌細胞であることをやめて、本当に自然な生き方に目覚めなさい」という神様からのメッセージだと思うんですよ。

おわりに

「はじめに」にも書きましたが、本書の最初の原稿を書いたのは一九八七年のことで、当時私はまだ三〇代の後半でした。三五歳のときにアドラー心理学を学んで日本に帰ってきて、それから数年経ったころです。何はともあれ学んだことを書き残しておきたいという気持ちで書きました。成立の由来は、「アニマ２００１」という小さな出版社の片山交右氏から本を出さないかという話があり、お引き受けしたことです。二人で対話したものを録音し、それを片山氏が文字起こしして、さらにそれを私が徹底的に書きなおして、本書ができました。

これも「はじめに」に書いたのですが、アドラー心理学は「お稽古ごと」であって、本から学ぶことはできません。本書を読まれた方は、ぜひ講習会やワークショップに参加してください。講習会等については下記に案内があります。

アドラーギルド　http://adler.cside.com/

また、日本アドラー心理学会にもぜひご参加ください。日本アドラー心理学会は国際アドラー心理学会の下部組織で、正しいアドラー心理学を伝承することを使命にして活動している非営利団体です。会員の年会費を基礎に運用されていますので、ぜひ下記のホームページをご参照の上、ご加入いただけると幸いです。

日本アドラー心理学会　http://adler.cside.ne.jp/

なお、アドラーギルドは私の事務所の名前で私企業ですが、日本アドラー心理学会はそれとはまったく独立の社団法人です。お間違えのありませんように。

本書の再版に関しては創元社編集部の松浦利彦氏にひとかたならぬお世話になりました。心から御礼を申し上げます。

野田俊作

寄稿　野田先生との出会い

中川　晶
（なかがわ中之島クリニック院長）

　さてもう三〇年も前のこと、野田俊作先生に最初にお会いしたのは阪大の勉強会でだったと思います。僕は内科研修を終え心身医学の勉強のために阪大精神科に入ったばかりでした。そして故・西村健教授のご配慮で心理・行動療法研究グループに入れていただきました。このグループは僕が生涯師と仰ぐ故・頼藤和寛先生が主宰しておられ、週一回の勉強会を開催してました。ところが当時の僕にはレベルが高すぎて青息吐息でした。かなり広いジャンルの専門用語が飛び交い、物知りのつもりでいた僕の鼻の骨はボキボキに折れてしまいました。そんな中、主宰者の頼藤先生は僕の落胆ぶりを見抜いておられたのか、帰りがけに、「先生、大丈夫でっせ。すぐ慣れますて」とニカッとされたのが救いでした。うちのグループは頼藤先生の話を聴くために集まってくるようなところがあり、頼藤先生が話しだすと皆が聞き耳を立てます。すると頼藤先生はますます饒舌になります。あらゆる分野に通暁された博覧強記の人。

やっとそんな勉強会にも慣れてきたある日、アロハ・シャツを着た大きな人が、「やあ！」と現れました。胸には何やら数珠のようなペンダントがぶらさがっています。僕ははじめてでしたが、グループのメンバーは知っている人が多く、にこにこと挨拶をしています。大きな人はやおら、勉強会の真ん中の席にどっかと腰を下ろし、「さあて、今日はどんな話題？」。僕は、「あ、その場所は頼藤先生の席なんですけど」と思ったのですが言えません。頼藤先生は大きな人の隣に座り、「よう来てくれたね」とうれしそう。そして勉強会がはじまったのですが、いつもと雰囲気が違います。ほとんど、その大きな人の独演会です。頼藤先生は終始うれしそうにうなずいておられます。頼藤先生はときどき質問をされるのですが、精神分析から脳の生化学、突然に仏教、道教の話題、次には数学・物理学まで網羅しています。そして大きな人はうれしそうにすらすらと答えています。僕にはまるで雲の上の住人の会話です。普段は相手の専門分野に合わせて優しく質問される頼藤先生でしたが、この日ばかりはおかまいなしでした。

その後、数十年がすぎましたが、僕はいまだかつて、このお二人以上に凄い先生に出会ったことがありません。そしてお二人はライバルであると同時に親友でもあったようです。頼藤先生が亡くなられた後、大きな人は元気を落とされました。そして僕に、「あなたは頼藤君の弟子だから、僕には甥のようなもんだね」と言ってくださいました。

もちろん、大きな人とは野田俊作先生のことです。先生は確かに体も大きいのですが、存在そのものが大きいのです。いつも飄々としておられ、あまり本を書かれない野田先生ですが、今回はどうも本気のようです。じつは僕も隠れアドレリアンでして（別に隠さなくてもいいのだけど）、野田先生が四冊シリーズの本書を出版されるのを機会に、ぜひもう一度勉強しなおしてみようと企んでおります。

索引

著者略歴

野田俊作（のだ・しゅんさく）

一九四八年生まれ。大阪大学医学部卒。シカゴ・アルフレッド・アドラー研究所留学、神戸家庭裁判所医務室技官勤務の後、新大阪駅前にて相談施設（アドラーギルド）開業。日本アドラー心理学会認定指導者、初代日本アドラー心理学会会長。著書『アドラー心理学を語る1　性格は変えられる』『同2　グループと瞑想』『同3　劣等感と人間関係』『同4　勇気づけの方法』『クラスはよみがえる』『アドラー心理学でクラスはよみがえる』、訳書『アドラーの思い出』（いずれも創元社）など。

アドラー心理学を語る1
性格は変えられる

二〇一六年一二月二〇日　第一版第一刷発行
二〇二五年六月二〇日　第一版第一三刷発行

著者　野田俊作
発行者　矢部敬一
発行所　株式会社　創元社
〒五四一-〇〇四七
大阪市中央区淡路町四-三-六
電話（〇六）六二三一-九〇一〇㈹
https://www.sogensha.co.jp/
印刷　モリモト印刷　組版　はあどわあく

ISBN978-4-422-11631-0 C0311

性格は変えられる アドラー心理学を語る1

野田俊作著 アドラー心理学の第一人者が対話形式で著す実践講座シリーズの第1巻。性格を変えるための具体的方法を示し、究極目標の「共同体感覚」について平易に解説する。 1400円

グループと瞑想 アドラー心理学を語る2

野田俊作著 アドラー心理学の第一人者が対話形式で著す実践講座シリーズの第2巻。「共同体感覚」育成のためにグループ療法と瞑想法を導入し、具体的な進め方や効果を説く。 1400円

劣等感と人間関係 アドラー心理学を語る3

野田俊作著 アドラー心理学のパイオニアがやさしく語る実践講座シリーズの第3巻。健康な心とは、性格や知能は遺伝かなど、劣等感から脱し、健康な人間関係を築く方法を説く。 1400円

勇気づけの方法 アドラー心理学を語る4

野田俊作著 アドラー心理学のパイオニアがやさしく語る実践講座シリーズの第4巻。効果的な「勇気づけ」のコツや、子どもが個性を伸ばして生きる力を身につける方法を説く。 1400円

クラスはよみがえる ―学校教育に生かすアドラー心理学―

野田俊作、萩昌子著 問題児個人に対応するよりも、クラス全体の変革を……。クラスの中に民主的秩序をつくり、子どもの問題行動に隠された真の意図を見抜いて対応策を説く。 1700円

アドラー心理学でクラスはよみがえる

野田俊作、萩昌子著 ロングセラー『クラスはよみがえる』のコンサイス版。子どもたちが協力しあうクラス運営のオリジナル・メソッドを伝授し、アドラー流の教育スキルを身につける。 1400円

子どもにやる気を起こさせる方法 ―アドラー学派の実践的教育メソッド

ディンクメイヤー、ドライカース著／柳平彬訳 子どもにやる気を起こさせ、学ぶ力を身につける方法を豊富な事例とともに解説。アドラーの代表的後継者らが著した実践的教育書。 1700円

やる気を育てる子育てコーチング

武田建著 常勝アメフットチームをコーチした心理学者による子育てコーチングとして、行動理論に基づき、簡単につくれる「お約束表」を用いた効果的なしつけ方法を紹介。 1200円

子育て電話相談の実際

一般社団法人東京臨床心理士会編 臨床心理士ならではの技術や工夫が詰まった電話相談の進め方を、豊富な事例を交えて詳しく解説。子育て支援に関わる人のための話の聴き方。 2000円

子どもを育む学校臨床力

角田豊、片山紀子、小松貴弘編著 これからの教師に必要な力として学校臨床力を提案。従来の生徒指導、教育相談、特別支援教育を超えるための新たな視点、実践的知識を提供する。 2300円

＊価格には消費税は含まれていません。